PRÜFUNGSFRAGEN SEGELFLUG

Winfried Kassera

PRÜFUNGSFRAGEN SEGELFLUG

Motorbuch Verlag Stuttgart

Umschlag: Siegfried Horn.
Zeichnungen: Winfried Kassera.

ISBN 3-87943-298-8
2. Auflage 1975

Eine Abteilung des Buch- und Verlagshauses Paul Pietsch GmbH & Co. KG.

Gesamtherstellung: SV-Druck, 7302 Ostfildern 1
Printed in Germany.

Inhalt

Vorwort

Prüfungen werden in zunehmendem Maße nach dem multiple choice system abgelegt. Deshalb lag der Gedanke nahe, auch für Luftfahrerscheinprüfungen entsprechende Vorbereitungen zu treffen.

Das vorliegende Druckwerk soll Gelegenheit bieten, sich mit dieser Art von Fragetechnik vertraut zu machen. Der Stoff entstammt dem von der Prüfordnung für Luftfahrtpersonal gesteckten Rahmen für Segelflugzeugführer.

Um die Fragen der einzelnen Kapitel beantworten zu können, sind entsprechende Vorkenntnisse notwendig. Das hierbei zugrunde gelegte Lehrbuch ist die erweiterte und verbesserte Auflage von „Flug ohne Motor" (ebenfalls Motorbuch Verlag) und die Fragen bilden die vielfach gewünschte Ergänzung dazu.

Zum Aufbau:

Sie finden die Fragen nach den Kapiteln Fluglehre, Technik, Meteorologie, Navigation und Luftrecht geordnet. Jedes Kapitel ist in sich abgeschlossen. Behalten Sie aber innerhalb eines Kapitels bei der Beantwortung der Fragen die Reihenfolge bei, da ein Teilgebiet auf dem anderen aufgebaut ist.

Jeder Frage sind zwischen vier und sieben Antwortmöglichkeiten zugeordnet. Ihre Aufgabe besteht darin, die richtigen auszusuchen. DABEI MÜSSEN SIE BEACHTEN, DASS AUCH MEHRERE ANTWORTEN RICHTIG SEIN KÖNNEN!
Wenn Sie diese Art von Fragetechnik im Laufe des Studiums dieser Broschüre beherrschen lernen, wird es Ihnen um so leichter fallen, bei Prüfungen nur die eine richtige Lösung aus mehreren Möglichkeiten herauszufinden.

Anschließend an jedes Kapitel finden Sie kurze, oft nur stichwortartige Hinweise zu jeder einzelnen Frage, die nur als Impulse gedacht sind. In den meisten Fällen werden Sie allerdings mit Hilfe dieser Hinweise die Fragen nicht komplett beantworten können, wenn Sie sich nicht vorher schon mit der Materie befaßt haben.

Gehen Sie folgendermaßen vor:

1) Lesen Sie sich die Frage gründlich durch!
   Sollte das dabei behandelte Teilgebiet völlig fremd für Sie sein, dann fangen Sie bitte nicht an zu raten, sondern lesen Sie zunächst in einem entsprechenden Lehrbuch nach!
2) Unterscheiden Sie bei den gegebenen Antwortmöglichkeiten unpassende, unwahrscheinliche und wahrscheinliche!
3) Gehen Sie auch den unwahrscheinlichen Antworten nach!
   Führen Sie dabei notwendige Berechnungen sorgfältig durch!
   (Das gilt vor allem für die Navigationsaufgaben)
4) Notieren Sie sich die Ihrer Meinung nach richtigen Antworten und überprüfen Sie sie an Hand des Lösungsblattes, das am Ende des Kapitels zu finden ist.
5) Lesen Sie den Hinweis, falls Ihre Antworten nicht mit der Lösung übereinstimmen!
6) Machen Sie sich in das Buch keine Notizen zu den Fragen, und kreuzen Sie auf keinen Fall die richtigen Antworten an! Sie nehmen sich sonst die Möglichkeit zur späteren unvoreingenommenen Wiederholung.
   Ergänzen Sie stattdessen den entsprechenden Hinweis, wenn Ihnen die Frage Schwierigkeiten gemacht hat!
7) Nachdem Sie das Buch durchgearbeitet haben, decken Sie die Antwortmöglichkeiten ab und beantworten die Fragen schriftlich mit Ihren eigenen Worten.

Wenn Sie diese einfachen Regeln beachten, werden Sie sicher Spaß an dieser Art Unterricht haben und auch das nötige Wissen zu einer Prüfung mitbringen.

Winfried Kassera

1. FLUGLEHRE

1.1. Auftrieb und Widerstand

F 1:
Welche Aussagen über die Auftriebserzeugung sind richtig?

a) Der Auftrieb wird nur an der Flügeloberseite erzeugt.
b) Der Auftrieb setzt sich aus Sog und Druck zusammen.
c) Der Auftrieb verteilt sich gleichmäßig über den Tragflügel.
d) Segelflugzeuge erhalten dynamischen Auftrieb.

F 2:
Wovon hängt der Staudruck ab?

a) vom Profil des Tragflügels
b) von der Luftdichte
c) vom Quadrat der Geschwindigkeit
d) vom Auftrieb
c) vom Widerstand

F 3:
Was besagt das Gesetz von Bernoulli?

a) Der Widerstand steigt mit dem Auftrieb.
b) An Stellen erhöhter Strömungsgeschwindigkeit herrscht Unterdruck.
c) An Stellen geringerer Strömungsgeschwindigkeit entsteht Überdruck.
d) Bei zu großem Anstellwinkel reißt die Strömung ab.

F 4:
Welche Aussagen über Laminarprofile sind richtig?

a) Die größte Profildicke liegt etwa bei 40% bis 50% der Profiltiefe.
b) Flugzeuge mit Laminarprofil haben besonders gefährliche Eigenschaften.
c) Laminarprofile sind widerstandsärmer als konventionelle Profile.
d) Laminarprofile sind empfindlicher gegen Verschmutzung.

F 5:
Wo finden symmetrische Profile Verwendung?

a) bei Tragflügeln von Hochleistungssegelflugzeugen
b) bei Tragflügeln besonders langsamer Flugzeuge
c) als Höhenleitwerksprofil
d) als Seitenleitwerksprofil
e) als S-Schlagprofil

F 6:
Von welchen Faktoren hängt die Größe des Auftriebs ab?

a) von der Größe der Tragfläche
b) vom Quadrat der Geschwindigkeit
c) vom Gewicht
d) vom Profil
e) vom Anstellwinkel
f) von der Luftfeuchtigkeit

F 7:
Unterscheiden Sie Anstellwinkel und Einstellwinkel!

a) Der Anstellwinkel kann im Flug verändert werden.
b) Der Einstellwinkel kann im Flug verändert werden.
c) Der Anstellwinkel ist der Winkel zwischen Flugbahn und Profilbezugslinie.
d) Der Einstellwinkel ist der Winkel zwischen Anblasrichtung und Rumpflängsachse.

F 8:
Ordnen Sie folgende Formen nach ihrem Widerstandswert!

a) Flügelprofil
b) Kugel
c) Scheibe
d) Halbkugel
e) Tropfenform

F 9:
Wovon ist der Widerstand eines Flugzeugs abhängig?

a) vom Anstellwinkel
b) vom Gewicht
c) von der Form
d) von der Oberflächenbeschaffenheit
e) vom Quadrat der Geschwindigkeit

F 10:
Welche Widerstandsarten treten zusammen mit der Auftriebserzeugung auf?

a) Grenzschichtwiderstand
b) Interferenzwiderstand
c) induzierter Widerstand
d) Formwiderstand
e) Restwiderstand

F 11:
Was versteht man unter Interferenzwiderstand?

a) Widerstand des Tragflügels
b) Widerstand der nichttragenden Flugzeugteile
c) Widerstand durch Überlagerung von Verwirbelungen
d) Widerstand beim Abreißen der Strömung
e) Bildung von Wirbelzöpfen an den Flügelenden

F 12:
Welche Maßnahmen können zur Verringerung des induzierten Widerstands getroffen werden?

a) Schränkung des Flügels
b) Verwendung von Tragflügelgrundrissen kleiner Streckung
c) Anbringen von Randkörpern am Flügelende
d) ellipsenförmiger Tragflügelgrundriß
e) Einstellwinkel möglichst klein wählen

F 13:
Welche Werte werden im Polardiagramm abgetragen?

a) Widerstandsbeiwert
b) Fluggeschwindigkeit
c) Sinkgeschwindigkeit
d) Anstellwinkel
e) Einstellwinkel
f) Auftriebsbeiwert

F 14:
Wie muß die Kurve des Polardiagramms für ein günstiges Segelflugprofil beschaffen sein?

a) flach ansteigend
b) steil ansteigend
c) möglichst hochreichend
d) nahe der c_W-Achse liegend
e) nahe der c_a-Achse liegend

F 15:
Welche Werte erreicht der Anstellwinkel im normal verlaufenden Windenstart?

a) ca. 0°
b) ca. 10°
c) ca. 30°
d) ca. 45°
e) ca. 60°
f) über 60°

F 16:
Wie läßt sich der Anstellwinkel für das beste Gleiten ermitteln?

a) aus der Auftriebsformel
b) aus der Widerstandsformel
c) aus dem Polardiagramm
d) Tangente an die Gesamtpolare

F 17:
Was versteht man unter geometrischer Schränkung des Tragflügels?

a) Verwendung auftriebsärmerer Profile an den Flügelenden
b) Verwendung größerer Anstellwinkel an den Flügelenden
c) Verwendung kleinerer Einstellwinkel zu den Flügelenden hin
d) Verwendung dünnerer Profile bei geringeren Profiltiefen

F 18:
In welchem Bereich herrscht auf der Tragflügeloberseite laminare Strömung?

a) bei Laminarprofilen über dem gesamten Profil
b) im Normalflug etwa bis zur größten Profildicke
c) im Druckfallbereich, d.h. solange die Luftteilchen beschleunigt werden
d) überall, solange der kritische Anstellwinkel nicht erreicht wird

F 19:
Welche Aussagen über turbulente Grenzschicht sind falsch?

a) tritt nicht an Laminarprofilen auf
b) tritt nur am Tragflügel auf
c) Luftteilchen verlaufen nicht auf parallelen Bahnen
d) Luftteilchen erreichen nicht die volle Strömungsgeschwindigkeit
e) Luftteilchen vollführen auch vertikale Bewegungen

F 20:
Was versteht man unter Gleitzahl?

a) Winkel zwischen Horizontaler und Flugbahn
b) Verhältnis von verbrauchter Höhe zu zurückgelegter Strecke
c) Verhältnis von zurückgelegter Strecke zu verbrauchter Höhe
d) Sinkgeschwindigkeit in Meter pro Sekunde
e) Verhältnis von Widerstand zu Auftrieb

1.2. Kräfte am Flugzeug

F 21:
Was versteht man unter Luftkraft?

a) Auftrieb
b) Resultierende aus Auftrieb und Vortrieb
c) Resultierende aus Auftrieb und Widerstand
d) Teilkraft des Auftriebs
e) Resultierende aus Vortrieb und Gewicht

F 22:
Welche Aussagen über den Druckpunkt sind richtig?

a) Druckpunkt ist Schwerpunkt des Tragflügels
b) Druckpunkt ist Angriffspunkt der Luftkraft
c) Lage des Druckpunkts ist veränderlich
d) Druckpunkt wandert mit steigendem Anstellwinkel nach vorn
e) Druckpunkt wandert mit steigendem Einstellwinkel nach vorn

F 23:
Welche Kräfte wirken am Flugzeug im stationären Gleitflug gegeneinander?

a) Auftrieb – Vortrieb
b) Auftrieb – Widerstand
c) Luftkraft – Gewicht
d) Auftrieb – Gewicht
e) Widerstand – Vortrieb

F 24:
Durch welche Kraft wird der Vortrieb ausgelöst?

a) Auftrieb
b) Widerstand
c) Luftkraft
d) Gewicht

F 25:
Woher stammt die Zentripetalkraft (= Gegenkraft zur Zentrifugalkraft) im stationären Kurvenflug?

a) ist Teilkraft des Gewichts
b) ist Teilkraft der Gesamtluftkraft
c) ist Teilkraft des senkrecht nach oben wirkenden Auftriebs
d) ist Resultierende aus Kurvengewicht und Gesamtauftrieb

F 26:
In welche Richtung wirkt die Zentrifugalkraft im Kurvenflug?

a) senkrecht zur Querachse
b) entgegen der Gesamtluftkraft
c) senkrecht zur Querneigung
d) horizontal nach außen

F 27:
Bei welcher Querneigung muß der Tragflügel die doppelte Gesamtluftkraft im Vergleich zur Horizontalfluglage erzeugen, um das Flugzeug im stationären Kurvenflug zu halten?

a) 30°
b) 45°
c) 60°
d) 75°
e) 90°

F 28:
Welche Aussagen über die Flächenbelastung sind richtig?

a) hängt vom Auftrieb ab
b) hängt von der Geschwindigkeit ab
c) hängt von der Querneigung ab
d) wird in m^2/kp angegeben
e) wird in kp/m^2 angegeben
f) hängt von der Zuladung ab

F 29:
Unter welchen Umständen wird das Lastvielfache größer als $n = 1$?

a) beim Überschreiten der maximalen Zuladung
b) im Kurvenflug
c) wenn die Gewichtskraft größer ist als die ihr entgegenwirkende Auftriebskomponente
d) wenn zur Gewichtskraft noch eine Zentrifugalkraft kommt
e) beim Abfangen aus dem Bahnneigungsflug

F 30:
Wie groß ist das Bruchlastvielfache bei Segelflugzeugen?

a) n = 2
b) n = 4
c) n = 8
d) n = 10
e) n = 16

1.3. Stabilität

F 31:
Welche Stabilitätsformen sind hier von links nach rechts dargestellt?

a) stabil, labil, indifferent
b) labil, stabil, indifferent
c) indifferent, labil, stabil
d) indifferent, stabil, labil

F 32:
Welche Aussagen über dynamische Stabilität sind richtig?

a) Eine Störung wie z.B. Pendeln wird bei einem dynamisch stabilen Flugzeug beibehalten
b) Eine Pendelstörung kommt bei einem dynamisch stabilen Flugzeug zur Ruhe
c) Die Querneigung vergrößert sich bei einem dynamisch labilen Flugzeug nach einer Störung um die Längsachse
d) Ein dynamisch stabiles Flugzeug kehrt ohne Steuerausschlag in die Horizontalfluglage zurück

F 33:
Auf welche Weise erzielt man Stabilität um die Querachse?

a) durch eine große Seitenflosse
b) durch positive Pfeilung des Tragflügels
c) durch negative Pfeilung des Tragflügels
d) durch eine große Höhenflosse
e) durch V-Stellung des Tragflügels

F 34:
Worauf ist die Labilität um die Querachse zurückzuführen?

a) auf Steuerfehler
b) Unterschreiten der Mindestzuladung
c) Wanderung des Druckpunkts
d) Einstellwinkel des Tragflügels
e) Einstellwinkel der Höhenflosse

F 35:
Woran läßt sich an einem Flugzeug erkennen, daß es kursstabil ist?

a) langer Rumpf
b) große Seitenflosse
c) T-Leitwerk
d) V-Stellung des Tragflügels
e) Pfeilung des Tragflügels

F 36:
Welche Auswirkungen hat ein negativ gepfeilter Tragflügel auf die Flugeigenschaften?

a) bringt Stabilität um die Längsachse
b) verringert die Kursstabilität
c) verbessert die Kursstabilität
d) verbessert die Stabilität um die Querachse
e) verringert die Stabilität um die Querachse

F 37:
Worauf ist die Stabilität um die Längsachse zurückzuführen.

(Querstabilität)

a) Hängender Flügel erzeugt bei V-Stellung mehr Auftrieb.
b) Vorauseilender Flügel erzeugt mehr Widerstand.
c) Bei Vergrößerung des Anstellwinkels erhöht sich der Auftrieb am Höhenleitwerk.
d) Beim Schieben wird das Seitenleitwerk schräg angeblasen.

1.4. Steuerung des Flugzeugs

F 38:
Durch welche Ruder wird eine Drehung um die Querachse bewirkt?

a) nur Querruder
b) nur Seitenruder
c) Quer- und Seitenruder
d) Höhenruder

F 39:
Durch welche Ruder wird eine Drehung um die Hochachse bewirkt?

a) Höhenruder
b) nur Seitenruder
c) nur Querruder
d) Quer- und Seitenruder bei Mustern mit Querrudersekundäreffekt

F 40:
Welche Aussagen über die Wirkungsweise der Querruder sind richtig?

a) bewirken Drehung um die Längsachse
b) bewirken auch Drehung um die Hochachse
c) beim Querruderausschlag links bewegt sich das linke Querruder nach unten
d) beim Querruderausschlag rechts wird am linken Flügel mehr Auftrieb erzeugt
e) beim Querruderausschlag rechts wird am rechten Flügel mehr Widerstand hervorgerufen

F 41:
Welche Auswirkungen hat ein Höhenruderausschlag in Richtung „Ziehen"?

a) Vergrößerung des Anstellwinkels am Tragflügel
b) Vergrößerung des Auftriebs am Höhenleitwerk
c) Schwanz des Flugzeugs wird nach unten gedrückt
d) Bewegung um die Querachse

F 42:
Unterscheiden Sie Wölbklappen und Störklappen!

a) Wölbklappen verändern das Tragflügelprofil.
b) Störklappen erzeugen zwar Auftrieb, aber auch Widerstand.
c) Wölbklappen werden auch zum Start ausgefahren.
d) Störklappen werden zum Start ganz eingefahren.

F 43:
Welche Aussagen treffen für die einzelnen Klappenarten zu?

a) Spreizklappen verändern nur die Unterseite des Tragflügelprofils.
b) Wölbklappen dürfen im Landeanflug nicht plötzlich eingefahren werden.
c) Durch das Ausfahren der Sturzflugbremsen wird eine geringere Landegeschwindigkeit ermöglicht.
d) Wölbklappen dürfen in jedem Geschwindigkeitsbereich voll ausgefahren werden.
e) Beim Ausfahren von Wölbklappen tritt eine Lastigkeitsänderung ein.

F 44:
Mit welchen Klappen lassen sich die steilsten Landeanflüge durchführen?

a) Wölbklappen mit 20°-Ausschlag
b) Spreizklappen mit 20°-Ausschlag
c) Sturzflugbremsen voll ausgefahren
d) Störklappen voll ausgefahren

1.5. Technik des Fliegens

F 45:
Was ist beim Windenstart oder Flugzeugschleppstart mit einem Flugzeug mit linksseitiger Schwerpunktskupplung zu beachten?

a) erfordert vollen Seitenruderausschlag links beim Anrollen
b) erfordert Querruderausschlag links beim Anrollen
c) erfordert auch im Steigflug Seitenruder links
d) erfordert im Steigflug keine besonderen Maßnahmen

F 46:
In welcher Höhe soll die volle Steigfluglage beim Windenstart eingenommen werden?

a) nach dem Abheben
b) nicht unter 10 m Höhe
c) nicht unter 50 m Höhe
d) nicht unter 100 m Höhe

F 47:
Welche Aussagen über den Querruder-Sekundär-Effekt sind richtig?

a) kann durch konstruktive Maßnahmen verringert werden
b) Beim Querruderausschlag rechts dreht auch die Schnauze nach rechts.
c) Beim Einleiten einer Kurve ist wegen des Querruder-Sekundär-Effekts Seitenruder in Kurvenrichtung notwendig.
d) Beim Betätigen der Querruder kann auch eine Drehung um die Querachse auftreten.
e) wird zum Einleiten des Seitengleitflugs ausgenützt

F 48:
Mit welchen Rudern erfolgen Richtungskorrekturen?

a) nur mit Seitenruder
b) nur mit Querruder
c) mit Seiten- und Höhenruder
d) mit Quer- und Höhenruder
e) mit Seiten- und Querruder

F 49:
Welchen Fehler zeigt ein in der Kurve nach innen hängender Faden an?

a) Seitenwind nicht berücksichtigt
b) Flugzeug schiebt nach außen
c) Flugzeug schiebt nach innen
d) zu wenig Seitenruder in Kurvenrichtung
e) zu wenig Querneigung

F 50:
Welche Veränderungen treten beim Schnellflug im Vergleich zum Normalflug auf?

a) Horizontbild liegt höher
b) verringerte Ruderwirksamkeit
c) erhöhte Ruderwirksamkeit
d) erhöhte Steuerdrücke
e) verringerte Klappenwirkung

F 51:
Welche Steuerausschläge sind beim Einleiten des Seitengleitflugs links zu geben? Ordnen Sie der Reihenfolge nach!

a) Seitenruder links
b) Seitenruder rechts
c) Querruder links
d) Querruder rechts
e) Höhenruder ziehen

F 52:
Durch welche Steuerausschläge beenden Sie den Seitengleitflug links?

a) Querruder rechts
b) Querruder links
c) Höhenruder nachlassen
d) Seitenruder links
e) Seitenruder normal

F 53:
Sie kurven im Seitengleitflug rechts ungewollt nach rechts weg. Wie korrigieren Sie, um die Richtung beizubehalten?

a) nur mit Querruder links
b) nur mit Seitenruder links
c) mit Querruder links und Seitenruder rechts
d) mit Querruder links und Seitenruder links

F 54:
Mit welcher Mindesthöhe sollten Sie an der Position mit der Landeeinteilung beginnen?

a) 50 m
b) 100 m
c) 150 m
d) 200 m
e) 250 m

F 55:
Wie beenden Sie eine Kurve in Richtung auf einen vorher festgelegten Punkt (Blickpunkt)?

a) Seitenruder entgegen der Kurvenrichtung
b) Querruder entgegen der Kurvenrichtung
c) Beginn des Ausleitens beim Erreichen des Blickpunkts
d) Beginn des Ausleitens vor Erreichen des Blickpunkts
e) Höhenruder je nach Querneigung ziehen

F 56:
Welche Regeln gelten für Landekurve und Landeanflug?

a) Mindesthöhe für Landekurve ist 50 m
b) erhöhte Fahrt in der Landekurve
c) Fallgebiete im Landeanflug mit etwas geringer Geschwindigkeit durchfliegen
d) Schnauze nicht über den Horizont heben

1.6. Verhalten in besonderen Fällen

F 57:
Welche Maßnahmen ergreifen Sie bei einem Seilriß im Windenstart in 60 m Höhe? Ordnen Sie nach der richtigen Reihenfolge!

a) Bremshilfen ausfahren
b) Fahrt aufholen, Normalfluglage einnehmen
c) Ausklinkvorrichtung betätigen
d) 180°-Kehrtkurve
e) verkürzte Platzrunde
f) Landung geradeaus in Startrichtung

F 58:
Was tun Sie, wenn im Flugzeugschlepp das Schleppflugzeug nach unten aus Ihrem Blickfeld verschwindet?

a) Ruhe bewahren, warten bis das Motorflugzeug wieder steigt
b) Nachdrücken, Fahrt aufholen, bis das Motorflugzeug wieder ins Blickfeld kommt
c) Bremshilfen vorsichtig ausfahren, Sinkflug versuchen
d) hochziehen und ausklinken
e) sofort nachdrücken und ausklinken

F 59:
Wie verhalten Sie sich beim Durchfliegen von starken Fallgebieten?

a) starkes Fallen durch Ziehen verringern
b) je stärker das Fallen, desto schnellere Fluggeschwindigkeit einnehmen
c) Leeseiten von Bergen meiden
d) Luvseiten von Bergen meiden

F 60:
Mit welchen Steuerausschlägen läßt sich das Trudeln beenden? Ordnen Sie nach der Reihenfolge!

a) Querruder entgegen der Trudelrichtung
b) Seitenruder entgegen der Trudelrichtung
c) Abfangen durch Ziehen des Höhenruders
d) Knüppel in Normalstellung oder leicht gedrückt

F 61:
Wie landen Sie in bergigem Gelände?

a) hangaufwärts
b) parallel zum Hang
c) Landeanflug mit etwas Überfahrt
d) Anschnallgurte bereits im Landeanflug lösen

F 62:
Was tun Sie, wenn Sie im Landeanflug feststellen, daß das Landefeld wahrscheinlich zu kurz ist?

a) neues Landefeld aussuchen
b) Anschweben mit möglichst geringer Fahrt
c) Bremshilfen voll ausfahren, spätestens kurz vor dem Aufsetzen
d) vor dem Aufrollen auf ein Hindernis voll drücken und einen Flügel auf den Boden legen
e) voll gezogen ausrollen

F 63:
Wie verhalten Sie sich, wenn Sie beim Einfliegen in eine Wolke die Kontrolle über die Fluglage verlieren?

a) Knüppel und Pedale loslassen
b) Seitengleitflug einleiten
c) alle Ruder in Normalstellung bringen
d) Bremshilfen ausfahren
e) Knüppel leicht gedrückt halten

F 64:
Wie werden Segelflugzeuge bei Wind am Boden transportiert?

a) Schnauze gegen den Wind
b) Schwanz gegen den Wind
c) Transport mit Kraftfahrzeug
d) an jedes Flügelende und an den Schwanz ein Mann
e) beim Abstellen den Flügel auf den Boden legen, der dem Wind zugewandt ist
f) abgelegten Flügel beschweren

F 65:
Wie verhalten Sie sich bei einer Landung auf dem Wasser?

a) möglichst in Ufernähe aufsetzen
b) Wellenspitzen als Landefläche ansehen
c) vor dem Aufsetzen Anschnallgurte ablegen
d) Zweipunktlandung anstreben
e) Schnauze vor dem Aufsetzen so hoch wie möglich halten
f) vor dem Aufsetzen Anschnallgurte fest nachziehen

F 66:
Wie verhalten Sie sich beim Landen mit starkem Seitenwind?

a) Tragflügel gegen den Wind hängen lassen
b) Landeanflug mit erhöhter Fahrt
c) Bei Wind von rechts Seitengleitflug rechts
d) bei Wind von rechts Seitengleitflug links
e) keine Bremshilfen verwenden

F 67:
Unter welchen Gesichtspunkten suchen Sie sich ein Landefeld in unbekanntem Gelände aus?

a) Landefeld spätestens 150 m über Grund aussuchen
b) immer ein Notlandefeld im Auge behalten
c) Landefeld sollte möglichst in freiem Gelände liegen
d) Landefeld sollte möglichst nahe einer Ortschaft liegen
e) Anflugraum sollte möglichst hindernisfrei sein
f) Landefeld sollte in Windrichtung liegen

F 68:
Wie überfliegen Sie zu spät erkannte Hindernisse im Landeanflug?

a) mit Geschwindigkeit für bestes Sinken
b) mit Geschwindigkeit für beste Gleitzahl
c) Andrücken auf das Hindernis
d) über dem Hindernis sofort wieder voll nachdrükken
e) über dem Hindernis sofort wieder Normalfluglage anstreben

F 69:
Unter welchen Umständen wird man ein Flugzeug mit dem Fallschirm verlassen?

a) beim Trudeln
b) Bruch eines Seitenruderseils
c) Blockieren des Höhenruders in Richtung „Drücken"
d) Verlieren der Kabinenhaube
e) Bruch von tragenden Teilen der Konstruktion
f) „versehentlicher" Einflug in eine Gewitterwolke

F 70:
Welche Maßnahmen ergreifen Sie nach einem Flugunfall an Ort und Stelle?
Ordnen Sie nach der Reihenfolge!

a) Luftfahrtbundesamt verständigen
b) Erste Hilfe für Verletzte
c) Polizei verständigen
d) Arzt und Krankenwagen besorgen
e) Störungsmeldung abgeben
f) Heimatflugplatz verständigen

F 1: Der Auftrieb entsteht dadurch, daß die Luftteilchen das Tragflügelprofil umströmen und dabei auf der Profiloberseite mit erhöhter, auf der Unterseite mit geringerer Geschwindigkeit fließen.

F 2: Die Formel für den Staudruck lautet: $q = \frac{\rho}{2} v^2$

F 3: Bei höherer Strömungsgeschwindigkeit vergrößert sich auch der Abstand der Luftteilchen zueinander.

F 4: Bei Laminarprofilen wird durch möglichst große Rücklage der Profildicke die Strömung der Luftteilchen über eine relativ große Strecke unverwirbelt gehalten.

F 5: Hochleistungsflugzeuge erhalten gewölbte Laminarprofile. Langsame Flugzeuge haben Tragflügel mit großer Profildicke.

F 6: Die Formel für den Auftrieb lautet: $A = c_a \cdot F \cdot q$

F 7: Der Einstellwinkel ist konstruktiv festgelegt, während der Anstellwinkel fluglageabhängig ist.

F 8: Die Tropfenform ist die günstigste, die Scheibe die ungünstigste Form bei gleichem Querschnitt.

F 9: Die Formel für den Widerstand lautet: $W = c_W \cdot F \cdot q$

Der Staudruck ist vom Quadrat der Geschwindigkeit und der Luftdichte abhängig.

F 10: Der Grenzschichtwiderstand tritt an allen umströmten Flächen auf.
Induzierter Widerstand entsteht durch Druckausgleich an den Flügelspitzen.
Unter Restwiderstand versteht man den Widerstand der nichttragenden Teile.

F 11: Verwirbelungen hinter dem Tragflügel können z.B. auf Verwirbelungen des Leitwerks treffen.
(Der Gesamtwiderstand ist größer als die Summe der Einzelwiderstände.)

F 12: Ideal wäre ein Flügel von unendlicher Spannweite, dann könnte kein Ausgleich zwischen dem Unterdruck auf der Flügeloberseite und dem Überdruck auf der Flügelunterseite stattfinden.

F 13: Im Polardiagramm werden Auftrieb und Widerstand in Abhängigkeit vom Anstellwinkel untersucht.

F 14: Im Polardiagramm wird auf der waagrechten Achse der Widerstands- und auf der senkrechten Achse der Auftriebsbeiwert abgetragen.

F 15: Der Anstellwinkel ist der Winkel zwischen Flugbahn (!) und Profilbezugslinie.

F 16: Das beste Gleiten ist mit dem Anstellwinkel zu erreichen, bei dem im Verhältnis zum Auftrieb möglichst wenig Widerstand hervorgerufen wird.

F 17: Durch die Schränkung soll erreicht werden, daß an den Flügelenden der kritische Anstellwinkel später erreicht wird als in Rumpfnähe. Dadurch bleiben auch die Querruder wirksam.
Die aerodynamische Schränkung weist verschiedene Profilarten auf, während bei der reinen geometrischen Schränkung nur eine Profilart verwendet wird.

F 18: Auch bei Laminarprofilen kann die Strömung nicht über die gesamte Profiltiefe laminar gehalten werden.

F 19: Unter Grenzschicht versteht man die Luftschicht über einer angeströmten Fläche, in der die Luftteilchen nicht die Geschwindigkeit der freien Strömung erreichen.

F 20: Gleitzahl 1 : 40 bedeutet z.B., daß man aus 1 km Höhe etwa 40 km Strecke zurücklegen kann. Dabei wird vorausgesetzt, daß der Flug in ruhiger Luft stattfindet. Gleitzahl im physikalischen Sinn ist der Tangens des Gleitwinkels.

F 21: Die Luftkraft wirkt im stationären Gleitflug senkrecht nach oben.

F 22: Unter Druckpunkt stellt man sich die Stelle am Profil vor, an der Auftrieb und Widerstand angreifen.

F 23: Das Gewicht wirkt immer lotrecht nach unten.
Widerstand und Auftrieb sind Teilkräfte der Luftkraft.

F 24: Der Vortrieb ist keine Teilkraft des Auftriebs.

F 25: Die Zentripetalkraft verhindert, daß das Flugzeug im Kurvenflug horizontal nach außen in Richtung der Fliehkraft getragen wird.

F 26: siehe F 25

F 27: Die Gesamtluftkraft wirkt senkrecht zur Querachse des Flugzeugs.

F 28: Die Flächenbelastung gibt an, wieviel Gewicht auf eine Einheit der tragenden Fläche kommt.

F 29: Im unbeschleunigten Zustand ist das Lastvielfache $n = 1$. Es erhöht sich, sobald das Flugzeug entgegen der Gewichtskraft beschleunigt wird.
Es verringert sich, sobald das Flugzeug in Richtung der Gewichtskraft eine Beschleunigung erfährt.

F 30: Das sichere Lastvielfache für Segelflugzeuge beträgt etwa $n = 4$. Der Sicherheitsfaktor gegen Bruch ist 2.

F 31: Labiler Zustand bedeutet, daß sich bei einer Störung des Systems die Störung weiter vergrößert.

F 32: Man unterscheidet dynamische und statische Stabilitätsformen.

F 33: Stabilität um die Querachse bedeutet, daß ein Flugzeug auch bei losgelassenem Steuerknüppel im Horizontalflug eine konstante Geschwindigkeit beibehält.

F 34: Vergrößert sich der Anstellwinkel, so greift auch die Luftkraft weiter vorn an.

F 35: Ein kursstabiles Flugzeug ist stabil um die Hochachse und behält eine Flugrichtung im Horizontalflug auch unter kleinen Störungen um die Hochachse bei.

F 36: Unter negativer Pfeilung versteht man, daß die Flügel nach vorn gepfeilt sind.
Moderne Flugzeuge weisen keine negative Pfeilung auf.

F 37: Stabilität um die Längsachse (auch Querstabilität) bedeutet, daß das Flugzeug von selbst in die Horizontalfluglage zurückkehrt.

F 38: Querachse, Hochachse und Längsachse sind gedachte Linien, um die sich ein Flugzeug drehen kann.
Sie haben einen gemeinsamen Schnittpunkt im Schwerpunkt.

F 39: Beim Betätigen der Querruder tritt zunächst der Querruder-Sekundär-Effekt entgegen der Richtung des Ausschlags ein.
Allerdings kurvt das Flugzeug nach kurzer Zeit doch in Richtung des Querruderausschlags ein.

F 40: Stärkere Profilwölbung hat erhöhte Auftriebserzeugung zur Folge, wobei sich beim nach unten ausgeschlagenen Querruder auch der Anstellwinkel vergrößert.
Auftriebserzeugung bedingt aber auch Widerstandserzeugung.

F 41: Beim Ziehen des Steuerknüppels bewegt sich das Höhenruder nach oben und bildet zusammen mit der Höhenflosse ein nach unten gewölbtes Profil.
Beim Pendel-Höhenruder wird durch Ziehen der Anstellwinkel verkleinert.

F 42: Wölbklappen können als Start- und Landehilfen verwendet werden, während Störklappen beim Ausfahren nur auftriebszerstörend wirken.

F 43: Beim Einfahren von auftriebserzeugenden Klappen verringert sich auch der Gesamtauftrieb. Außerdem wandert der Druckpunkt durch die Verringerung des Anstellwinkels nach hinten.

F 44: Wölb- und Spreizklappen sind als Bremshilfen erst ab etwa 30° bis 35° Ausschlag sehr wirkungsvoll.

F 45: Da die sog. Schwerpunktkupplung nicht genau im Schwerpunkt des Flugzeugs sitzen kann, wird immer ein Drehmoment um die Querachse, bei linksseitiger Anordnung zusätzlich auch ein Drehmoment um die Hochachse auftreten.

F 46: Beim Seilriß in Bodennähe muß genügend Raum zum Nachdrücken und Übergehen in die Normalfluglage zur Verfügung stehen.

F 47: Der Querruder-Sekundär-Effekt (auch negatives Wendemoment) tritt immer beim Betätigen der Querruder unabhängig von der Fluglage auf.

F 48: Beim sauberen Fliegen werden Richtungskorrekturen immer als Bewegungen um die Hoch- und Längsachse ausgeführt.

F 49: Der Faden gibt die Richtung der Luftströmung an.

F 50: Fliegt ein Segelflugzeug schneller, so fällt es auch relativ zur umgebenden Luft schneller.
Größere Geschwindigkeit hat z.B. größeren Staudruck zur Folge.

F 51: Beim Einleiten zum Seitengleitflug wird zunächst der Querruder-Sekundär-Effekt ausgenützt, das Eindrehen zur Kurve wird mit dem Seitenruder verhindert.

F 52: Der Seitengleitflug wird mit Ruderausschlägen in umgekehrter Reihenfolge des Einleitens beendet.
In der Praxis gehen nach einiger Übung die einzelnen Ruderausschläge fließend ineinander über.

F 53: Richtungskorrekturen erfolgen auch im Seitengleitflug wie in jedem anderen Flugzustand.
Deshalb sollte vor allem das Seitenruder im Seitengleitflug nicht voll ausgeschlagen sein, damit auch hier noch Spielraum für Korrekturen besteht.

F 54: Sie sollten so hoch an der Position wegfliegen, daß die letzte Kurve in etwa 100 m Höhe geflogen werden kann.

F 55: Seiten- und Querruder werden sowohl beim Einleiten als auch beim Beenden des Kurvenflugs gleichzeitig und gleichsinnig betätigt.

F 56: Die Landekurve sollte sowohl mit Fahrt- als auch mit Höhenreserve geflogen werden.
Ein Großteil der Unfälle in der Sportfliegerei ereignet sich durch Fehler in der Landekurve.

F 57: Nach einem Seilriß ist es zunächst einmal wichtig, die Steigfluglage zu beenden, da sonst in kürzester Zeit die Geschwindigkeit auf Null zurückgeht.
Die Segelflug-Gelände-Ordnung legt das weitere Vorgehen fest.
Bei Seilriß in niedrigen Höhen werden keine Kurven mehr geflogen.

F 58: Die Gefahr, daß das Segelflugzeug dem Motorflugzeug den Schwanz hochzieht und es dadurch zum Sturzflug zwingt, ist sehr groß.
In Bodennähe ist dabei ein Unfall nur durch schnelle Reaktion einer der beiden Flugzeugführer zu verhindern.

F 59: Größerer Höhenverlust ist nur durch rasches Verlassen des Abwindfeldes zu vermeiden.

F 60: Beim Trudeln ist zuerst die Drehung zu beenden. Vorher kann nicht abgefangen werden.

F 61: Es wird so gelandet, daß die Rollstrecke möglichst kurz ist. Das Abfangen und Aufsetzen geschieht dem Gelände entsprechend.
Nach dem Aufsetzen ist das Flugzeug gegen ein Bergab-Rollen zu sichern.

F 62: Bleiben Sie bei dem einmal gewählten Notlandefeld!
Vermeiden Sie Überfahrt, aber bleiben Sie in einem sicheren Geschwindigkeitsbereich!

F 63: Die Klappen bzw. Bremshilfen sind vor Erreichen der zulässigen Höchstgeschwindigkeit auszufahren, da sonst Gefahr besteht, daß die Konstruktion die Belastungen nicht aushält.

F 64: Es wird so transportiert, daß durch die Luftbewegung am Flugzeug möglichst wenig Auftrieb erzeugt werden kann bzw. möglichst wenig Angriffsflächen geboten werden.

F 65: Mit Geringstfahrt aufsetzen.
Auch fest angezogene Anschnallgurte lassen sich mit einem Griff lösen.

F 66: Bei stärkerem Wind ist in Bodennähe mit Turbulenz zu rechnen.
Die Abtrift wird durch Seitengleitflug in den Wind ausgeglichen.

F 67: Rechtzeitiges Aussuchen des Notlandefelds erspart zusätzliche Aufregung in Bodennähe.
Leitungen und Zäune lassen sich oft nur sehr schwer rechtzeitig erkennen. Achten Sie deshalb auf den Verlauf von Masten und Pfosten!

F 68: Verschaffen Sie sich bei Hindernissen im Landeanflug eine zusätzliche Geschwindigkeitsreserve!

F 69: Ein Flugzeug wird man nur mit dem Fallschirm verlassen, wenn es nicht mehr steuerbar ist.
Beim Bruch eines Seitenruderseils ist durchaus noch ausreichende Steuerbarkeit vorhanden, solange das Ruder nicht in extremer Stellung blockiert ist.

F 70: Nach einem Unfall haben verletzte Personen vor Sachen und Formalitäten den absoluten Vorrang.

Lösungen Fluglehre

F 1:	b, d	F 2:	b, c	F 3:	b, c
F 4:	a, c, d	F 5:	c, d	F 6:	a, b, d, e
F 7:	a, c	F 8:	e, a, b, d, c	F 9:	a, c, d, e
F 10:	a, c, d	F 11:	c	F 12:	a, c, d
F 13:	a, d, f	F 14:	b, c, e	F 15:	b
F 16:	c, d	F 17:	c	F 18:	b, c
F 19:	a, b	F 20:	b, e	F 21:	c
F 22:	b, c, d	F 23:	c, e	F 24:	d
F 25:	b	F 26:	d	F 27:	c
F 28:	e, f	F 29:	b, d, e	F 30:	c
F 31:	b	F 32:	b	F 33:	d
F 34:	c	F 35:	a, b, e	F 36:	b
F 37:	a	F 38:	d	F 39:	b, d
F 40:	a, b, d	F 41:	a, c, d	F 42:	a, c, d
F 43:	a, b, e	F 44:	c	F 45:	a, c
F 46:	c	F 47:	a, c, e	F 48:	e
F 49:	b, e	F 50:	a, c, d	F 51:	c, b, e
F 52:	c, a, e	F 53:	d	F 54:	c
F 55:	a, b, d	F 56:	b, d	F 57:	b, c, a, f
F 58:	e	F 59:	b, c	F 60:	d, b, c
F 61:	a, c	F 62:	b, c, d	F 63:	c, e, d
F 64:	b, d, e, f	F 65:	a, b, e, f	F 66:	a, b, c
F 67:	b, d, e, f	F 68:	c, e	F 69:	c, e
F 70:	b, d, c, f, a, e				

2. FLUGZEUGKUNDE, INSTRUMENTENKUNDE (TECHNIK)

2.1. Aufbau des Flugzeugs

T 1:
Welche Flügelanordnung weisen moderne Segelflugzeuge auf?

a) Tiefdecker
b) Mitteldecker
c) Schulterdecker
d) Hochdecker

T 2:
Aus welchen Gründen verzichtet man darauf, Flügel oder Leitwerksteile abzustreben oder zu verspannen?

a) aus Stabilitätsgründen
b) um Gewicht zu sparen
c) um unnötige Widerstände zu vermeiden
d) ermöglicht einfacheres Auf- und Abrüsten

T 3:
Welche Segelflugzeuge sind in Gemischtbauweise hergestellt?

a) Bergfalke
b) Ka 8
c) L-Spatz
d) ASW 15
e) Blanik
f) Ka 6
g) Kestrel

T 4:
Welche Teile gehören zur Ausrüstung eines Flugzeugs?

a) Leitwerk
b) Fahrwerk
c) Steuerwerk
d) Anschnallgurte
e) Instrumente
f) Betriebshandbuch
g) Luftfahrerschein

T 5:
Was versteht man unter dem Fluggewicht?

a) Leergewicht plus maximale Zuladung
b) Rüstgewicht plus Zuladung
c) Rüstgewicht plus Mindestzuladung
d) maximales Fluggewicht ohne Sonderausrüstung

T 6:
Welche Bauelemente sind Teile des Tragflügels?

a) Rippen
b) Spanten
c) Längsgurte
d) Holm
e) Hilfsholme
f) Torsionsnase
g) Randbogen

T 7:
Welche Teile gehören zum Leitwerk eines Flugzeugs?

a) Höhenruder
b) Seitenflosse
c) Querruder
d) Querrudergestänge
e) Steuerseile
f) Knüppel und Pedale
g) Landeklappen

T 8:
Wie läßt sich ein Flugzeug austrimmen, wenn die Mindestzuladung nicht erreicht wird?

a) durch Höhenrudertrimmung
b) durch Trimmkanten am Höhenruder
c) durch Federtrimmung
d) durch Gewichtstrimmung
e) durch Höhenflossentrimmung

T 9:
Was versteht man unter differenzierten Querrudern?

a) Querruder mit Gewichtsausgleich zur Verringerung der Handkräfte
b) Querruder mit aerodynamischem Ausgleich zur Verringerung der Handkräfte
c) Querruder mit größerem Ausschlag nach unten als nach oben
d) Querruder mit kleinerem Ausschlag nach unten als nach oben
e) Querruder, die sich auch als Klappen verwenden lassen

T 10:
Welche Leitwerksform kann sich in ungewöhnlichen Flugsituationen als problematisch erweisen?

a) konventionelles Leitwerk
b) T-Leitwerk
c) V-Leitwerk
d) Pendelruder
e) ungedämpfte Ruder

2.2. Flugklarheit

T 11:
Durch welche Stelle wird die Lufttüchtigkeit eines Flugzeugs festgestellt und bescheinigt?

a) Werkstattleiter
b) Luftfahrtbundesamt
c) Regierung des Landes, in dem das Flugzeug seinen ständigen Standort hat
d) Bundesregierung
e) Bundesanstalt für Flugsicherung

T 12:
Wann muß ein Flugzeug von einem anerkannten Prüfer auf seine Lufttüchtigkeit hin überprüft werden?

a) alle 24 Monate
b) alle 12 Monate
c) nach einer Grundüberholung
d) nach einer Reparatur
e) nach dem Aufrüsten
f) vor dem Verkauf

T 13:
Wann muß eine Überprüfung der Ruder auf Gängigkeit durchgeführt werden?

a) nur nach dem Aufrüsten des Flugzeugs
b) nur vor Beginn des Flugbetriebes
c) nur nach Pilotenwechsel
d) vor jedem Start

T 14:
Wann ist ein gründlicher Kontrollgang durchzuführen?

a) vor Beginn des Flugbetriebes
b) nach Pilotenwechsel
c) vor jedem Start
d) nach jeder Landung

T 15:
Bei welchen Beschädigungen ist ein Flugzeug sofort aus dem Verkehr zu ziehen?

a) Loch in der Flügelbespannung
b) Loch in der Nasenbeplankung
c) geplatzter Reifen
d) Falten in der Bespannung
e) Risse in der Nähe von Beschlägen
f) Lackschäden

T 16:
Welche Anzeichen deuten auf eine Beschädigung des Flügelholms hin?

a) Falten in der Bespannung
b) abgeplatzte Beplankungsteile
c) erhöhte Flügelschwingungszahl
d) verminderte Flügelschwingungszahl
e) Risse im Lack

T 17:
Wer ist für die Ausführung von Lufttüchtigkeitsanweisungen verantwortlich?

a) das Luftfahrtbundesamt
b) der Technische Leiter
c) der Halter des Luftfahrzeugs
d) der Pilot
e) die Regierung des Landes

2.3. Instrumente

T 18:
Welche Instrumentierung ist für Segelflugzeuge bindend vorgeschrieben (Soll-Instrumentierung)?

a) nur Höhenmesser
b) Nur Fahrtmesser
c) Höhenmesser und Fahrtmesser
d) Höhenmesser, Fahrtmesser, ein Variometer
e) Höhenmesser, Fahrtmesser, ein Variometer, Kompaß

T 19:
Welche Instrumentierung ist zur Durchführung von Wolkenflügen mit Segelflugzeugen vorgeschrieben?

a) Sollinstrumentierung plus Kompaß
b) Sollinstrumentierung plus Kompaß und Uhr
c) Sollinstrumentierung plus Kompaß, Uhr und Wendezeiger oder künstlicher Horizont
d) Sollinstrumentierung plus Wendezeiger oder künstlicher Horizont
e) Sollinstrumentierung plus Wendezeiger, künstlicher Horizont, Uhr und Kompaß

T 20:
Welche Aussagen gelten für die Funktion des Fahrtmessers?

a) mißt die Geschwindigkeit über Grund
b) mißt die relative Geschwindigkeit
c) als Meßdruck wird der Staudruck verwendet
d) als Meßdruck kann auch ein an einer Düse erzeugter Unterdruck verwendet werden
e) Meßrohr oder Meßdüse können an jeder beliebigen Stelle außerhalb des Flugzeugs angebracht werden

T 21:
An welche Zuleitungen wird der Fahrtmesser angeschlossen?

a) nur Meßdruck
b) nur statischer Druck
c) Meßdruck und statischer Druck
d) Ausgleichsgefäße
e) Verbindung zum Höhenmesserdruck

T 22:
Was bedeutet der grüne Bereich auf der Fahrtmesserskala?

a) absolut ungefährliche Geschwindigkeit bei jeder Fluglage
b) in diesem Bereich dürfen die Klappen ausgefahren werden
c) am Ende des grünen Bereichs liegt die zulässige Höchstgeschwindigkeit
d) im Horizontalflug sichere Geschwindigkeit auch bei Böen bis zu 10 m/sec
e) in Bezug auf Festigkeit sicherer Bereich für alle Manöver, für die das Flugzeug zugelassen ist

T 23:
Wie wirkt sich die Flughöhe auf die Fahrtmesseranzeige aus?

a) hat keinen Einfluß
b) mit zunehmender Höhe vermindert sich die Anzeige
c) je größer die Höhe, um so mehr liegt die Anzeige über dem tatsächlichen Wert
d) je größer die Höhe, um so mehr liegt die Anzeige unter dem tatsächlichen Wert

T 24:
Welche Vorteile hat ein Fahrtmesser, der mit einem Pitotrohr arbeitet?

a) genauere Anzeige in den unteren Geschwindigkeitsbereichen
b) kein Anschluß an den statischen Druck notwendig
c) für höhere Geschwindigkeiten geeignet
d) fehlerfreie Anzeige auch beim Seitengleitflug (Slip)

T 25:
An welche Zuleitungen muß der Höhenmesser angeschlossen werden?

a) keine Zuleitung notwendig, da das Arbeitsprinzip dem des Barometers entspricht
b) nur statischer Druck
c) nur Staudruck
d) Staudruck und statischer Druck
e) statischer Druck und evtl. Ausgleichsgefäß

T 26:
Welche Art von Dose wird beim barometrischen Höhenmesser verwendet?

a) geschlossene Membrandose mit konstantem Innendruck
b) geschlossene Membrandose mit vermindertem Innendruck
c) offene Membrandose mit vermindertem Innendruck
d) offene Membrandose mit Zuleitung zum statischen Druck

T 27:
Welche Angaben lassen sich aus einem Barogramm entnehmen?

a) nur Höhen
b) Höhen und Zeiten
c) Vertikalgeschwindigkeiten,
d) Horizontalgeschwindigkeiten

T 28:
Welche Funktion hat die Kapillare bzw. der Kapillarspalt beim Variometer?

a) verhindert Druckausgleich
b) verhindert Überbeanspruchung des Geräts
c) ermöglicht Rückkehr in Nullstellung, sobald die Vertikalbewegung aufhört
d) Verbindungsleitung zu den Ausgleichsgefäßen

T 29:
An welche Zuleitungen muß ein gewöhnliches (nicht kompensiertes) Variometer angeschlossen werden?

a) nur Staudruck
b) nur statischer Druck
c) nur Ausgleichsgefäß
d) statischer Druck, Ausgleichsgefäß
e) Staudruck, Ausgleichsgefäß

T 30:
Welche Auswirkung haben Ausgleichsgefäße mit zu geringem Volumen für das Variometer?

a) verringern die Lebensdauer
b) Instrument zeigt zu wenig an
c) Instrument zeigt zu viel an
d) keine Auswirkung erkennbar

T 31:
Welche Vorteile weisen kompensierte Variometer auf?

a) sind temperaturenunempfindlicher
b) umschaltbar auf verschiedene Meßbereiche
c) zeigen nur das Eigensinken an
d) zeigen das Sinken oder Steigen ohne den Einfluß der Geschwindigkeit an
e) zeigen keine „Knüppelthermik" an

T 32:
Wovon hängt die Richtkraft des Kompasses ab?

a) von der geographischen Breite
b) von der Flughöhe
c) von der Deviation
d) von der Inklination

T 33:
Welche Eigenschaften hat ein schnelldrehender Kreisel?

a) versucht die Richtung seiner Achse beizubehalten
b) die Kreiselachse läßt sich nicht kippen
c) die Kreiselachse weicht rechtwinklig zu der kippenden Kraft aus
d) die Kreiselachse führt unkontrollierte Bewegungen aus

T 34:
Welche Instrumente können nach dem Kreiselprinzip gebaut werden?

a) Höhenmesser
b) Fahrtmesser
c) Kompaß
d) Wendezeiger
e) künstlicher Horizont

T 35:
Welche Aufgabe hat der Wendezeiger?

a) zeigt die Fluglage gegenüber dem Erdboden an
b) zeigt die Querneigung an
c) zeigt Bewegungen um die Hochachse an
d) zeigt an, ob eine Kurve sauber geflogen wird
e) zeigt die Kurvenrichtung an
f) zeigt die Drehgeschwindigkeit an

T 36:
Was bedeutet die Anzeige von einer halben Pinselbreite bei einem 4°-Wendezeiger?

a) Querneigung 45°
b) es ist Querruder entgegen der Ausschlagrichtung erforderlich, damit die Kurve sauber geflogen wird
c) um die Kurve zu beenden, ist ein Seitenruderausschlag entgegen dem Pinselausschlag zu geben
d) ein Vollkreis dauert 3 Minuten

T 37:
Welche Fluglage wird durch folgendes Bild des künstlichen Horizonts dargestellt?

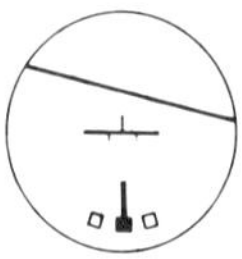

a) Steigflug in Rechtskurve
b) Steigflug in Linkskurve
c) Sinkflug in Rechtskurve
d) Sinkflug in Linkskurve
e) Sinkflug mit Querneigung rechts
f) Sinkflug mit Querneigung links

2.4. Beladung und Schwerpunkt

T 38:
Wo finden Sie die Angaben über Mindest- und Höchstzuladung sowie über das zulässige maximale Fluggewicht?

a) im Technischen Handbuch
b) im Nachprüfschein
c) im Flugbetriebshandbuch
d) im Cockpit

T 39:
Welches Gewicht ändert sich in der Regel bei einem Flugzeugmuster nicht?

a) Fluggewicht
b) Leergewicht
c) Rüstgewicht
d) Mindestzuladung
e) maximales Fluggewicht
f) Höchstzuladung

T 40:
Wodurch kann die maximale Zuladung geringer werden als die Mindestzuladung und welche Folgen hat dies?

a) zusätzliche Einbauten – keine
b) Gewichtserhöhung nach Überholung – vernachlässigbare
c) zusätzliche Einbauten – wird nicht zugelassen
d) Gewichtserhöhung nach Überholung – wird nicht zugelassen

T 41:
Welche Auswirkungen hat das Fliegen mit erhöhter Flächenbelastung (z. B. durch Mitführen von Wasserballast)?

a) erhöht das geringste Sinken
b) erhöht die Mindestgeschwindigkeit
c) verringert die Mindestgeschwindigkeit
d) verbessert die Gleitzahl erheblich
e) verlagert die Gleitzahlen zu höheren Geschwindigkeiten

T 42:
Wie ändert sich die Lage des Schwerpunkts, wenn Sie ohne vorgeschriebene Rückenkissen bzw. Fallschirm fliegen und welche Folgen kann das haben?

a) Schwerpunkt liegt weiter hinten
b) Schwerpunkt liegt weiter vorn
c) kopflastiger
d) schwanzlastiger
e) trudelt flacher
f) trudelt steiler

T 43:
Welche Aussagen sind für den Begriff „Drehmoment" richtig?

a) ist eine Kraft
b) Produkt aus Kraft und Hebelarm
c) bei Gleichgewicht gilt:
linksdrehendes = rechtsdrehendes Moment
d) Drehpunkt = Schwerpunkt
e) Bei Gleichgewichtslage wird unter dem Schwerpunkt unterstützt

T 44:
Was ist notwendig, um die Lage des Leergewichtsschwerpunkts zu ermitteln?

a) Leergewicht
b) Rumpflänge
c) kann rein durch Rechnung ermittelt werden
d) zwei Wägungen
e) eine Bezugsebene zur Berechnung

T 45:
Bezugslinie sei im Schnitt die Tangente t senkrecht zur Wurzelrippe (siehe Zeichnung). Vor ihr wird im Abstand a = 1,5 m eine Last A = 150 kp gemessen, hinter ihr im Abstand b = 4,5 m eine Last B = 75 kp. Wie gehen Sie zur Schwerpunktermittlung vor?

a) der Abstand des Schwerpunkts S von t sei x
b) Es gilt:
(1,5 m + x) · 150 kp = (4,5 m – x) · 75 kp
c) Es gilt:
(1,5 m – x) · 75 kp = (4,5 m + x) · 150 kp
d) Der Schwerpunkt S liegt 0,5 m vor der Wurzelrippe
e) S liegt 50 cm hinter der Bezugslinie t

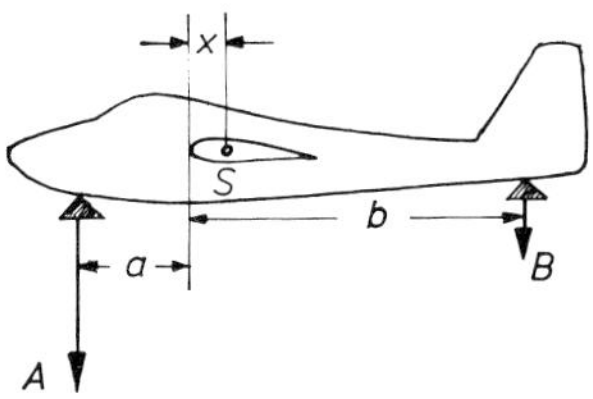

T 46:
Woraus ergibt sich der Wert für die Mindestzuladung?

a) Lage des Leergewichtsschwerpunkts
b) Bereich des Fluggewichtsschwerpunkts laut Kennblatt
c) maximales Fluggewicht laut Kennblatt
d) Leergewicht
e) Entfernung der Zuladung vom Schwerpunkt

T 1: Segelflugzeuge werden nicht als Tiefdecker gebaut, um wegen fehlender Fahrwerksbeine ein Minimum an Bodenfreiheit zu gewährleisten.
Auch die Hochdecker weisen mehr Nachteile als Vorteile auf.

T 2: Nicht freitragende Teile müssen verstrebt oder verspannt werden, um ein ausreichendes Maß an Festigkeit zu erzielen.
Moderne Baustoffe und Bauweisen bringen auch bei geringem Gewicht genügend Festigkeit.

T 3: Man unterscheidet Gemischtbauweise, Holzbauweise, Metallbauweise und Kunststoffbauweise (GFK-Bauweise).

T 4: Man unterscheidet Flugwerk und Ausrüstung.
Zum Flugwerk gehören:
Rumpfwerk, Tragwerk, Leitwerk, Steuerwerk, Fahrwerk und u.U. Triebwerk

T 5: Man unterscheidet Leergewicht, Rüstgewicht, Fluggewicht und maximales Fluggewicht.
Unter Leergewicht versteht man das Flugwerk mit seiner ständigen Ausrüstung.
Im Rüstgewicht ist auch die Zusatzausstattung enthalten.

T 6: Konventionelle Flügel sind um den Holm herum aufgebaut. Dabei werden die Nasenrippen vor dem Holm, die Endrippen dahinter geleimt und durch Nasen- bzw. Endleiste ausgerichtet. Die „Nase" wird mit Sperrholz beplankt und bildet einen verdrehsteifen Torsionskörper. Der Rest wird bespannt.
GFK-Flügel werden als Halbschalen gebaut, in denen Glasstränge den Holm bilden.

T 7: Man unterscheidet Höhenleitwerk, Seitenleitwerk und Flügelleitwerk. Leitwerk ist nicht zu verwechseln mit Steuerwerk.

T 8: Fehlendes Gewicht darf nicht durch aerodynamische Trimmung ausgeglichen werden.

T 9: Differenzierte Querruder verringern das Querruder-Giermoment (negatives Wendemoment).

T 10: Beim V-Leitwerk werden Höhen- und Seitenruderausschläge überlagert und auf die Ruder übertragen.

T 11: Segelflugzeuge müssen alle 12 Monate von einem anerkannten Prüfer auf ihre Lufttüchtigkeit hin untersucht werden.
Der Prüfer untersteht in seiner Funktion dem Luftfahrtbundesamt, das das Lufttüchtigkeitszeugnis ausstellt. Es ist solange gültig, solange die periodischen Nachprüfungen durch den Nachprüfschein nachgewiesen werden.

T 12: siehe T 11

T 12: Es dauert nur Sekunden, die Ruder auf ihre Gängigkeit zu prüfen, kann aber einen Unfall verhindern.

T 14: Flugzeuge können auch in der Halle beschädigt werden. Übernimmt ein Pilot von einem anderen das Flugzeug, so kann er sich den ordnungsgemäßen Zustand bestätigen lassen. Das sollte ihn aber nicht davon abhalten, den Startcheck durchzuführen.

T 15: Ein Loch in der Bespannung läßt sich ohne weiteres zukleben, ein geplatzter Reifen kann ebenfalls ausgewechselt werden.
Die Torsionsnase darf jedoch nicht beschädigt sein. Hier kann provisorisches Flicken schwerste Folgen haben.
Falten in der Bespannung deuten meist Beschädigungen an.

T 16: Die Flügelschwingungszahl vermindert sich dann, wenn der Flügel „weicher" geworden ist.

T 17: Lufttüchtigkeitsanweisungen werden vom Luftfahrtbundesamt verfügt und sind fristgerecht durchzuführen.
Ein Luftfahrzeug darf nur dann in Betrieb genommen oder zum Betrieb zur Verfügung gestellt werden, wenn es den Lufttüchtigkeitsanforderungen entspricht.

T 18: Variometer gehören nicht zur Soll-Instrumentierung.

T 19: Im Wolkenflug werden Geräte benötigt, die über Fluglage und Flugrichtung Auskunft geben können.

T 20: Fahrtmesser werden als Unterdruckgeräte (mit Venturidüse) oder als Überdruckgeräte (Pitotrohr bzw. Staurohr) gebaut. Dabei wird der bei verschiedenen Geschwindigkeiten verschiedene Unter- bzw. Überdruck mit dem statischen Druck verglichen.

T 21: Wäre der Fahrtmesser nur an den Meßdruck angeschlossen, so würde der Gehäusedruck bei sich ändernder Flughöhe zu Fehlanzeigen führen.

T 22: Die Fahrtmesserskala ist mit einem grünen, einem weißen und einem gelben Bereich mit rotem Endstrich versehen.

T 23: Mit abnehmendem statischen Druck nimmt z.B. auch der Staudruck ab ($q = \frac{\varrho}{2} v^2$).

T 24: Der Staudruck kann ein Vielfaches des statischen Drucks werden.

T 25: Beim Höhenmesser wirkt der statische Druck auf eine geschlossene Membrandose ein, deren Innendruck verringert ist (Aneroiddose).

T 26: siehe T 25

T 27: Da die Trommel des Barografen gleichmäßig umläuft, können auch Flugzeiten ermittelt werden.
Die Steilheit des Diagramms bietet ein Maß für Steigen oder Sinken.

T 28: Bei geschlossener Kapillare wird ein Variometer zum Feinhöhenmesser!

T 29: Um den Doseninhalt zu vergrößern, werden zusätzliche Gefäße angeschlossen, die ein auf das Gerät abgestimmtes Volumen aufweisen müssen.

T 30: Je geringer das Volumen der Ausgleichsgefäße ist, desto schneller erfolgt der Druckausgleich über die Kapillare.

T 31: Kompensierte Variometer dürfen keine „Knüppelthermik" anzeigen.

T 32: Magnetkompasse richten sich mit ihrem Nord- und Südpol in Richtung der Kraftlinien des Magnetfeldes der Erde aus. Diese Kraftlinien verlaufen aber nicht horizontal gegenüber der Erdoberfläche, sondern sind je nach Standort mehr oder weniger gekrümmt.
In Deutschland beträgt die Inklination etwa 65 Grad.

T 33: Je größer die Schwungmasse und je schneller die Drehbewegung ist, desto größer ist auch das Beharrungsvermögen des Kreisels.
Die Kreiselachse weicht rechtwinklig zu einer kippenden Kraft in Richtung des Drehsinns aus (Präzession).

T 34: Nach dem Kreiselprinzip können Instrumente gebaut werden, die die Fluglage anzeigen.

T 35: Der Wendezeiger zeigt Bewegungen um die Hochachse an.

T 36: Der Ausschlag des Wendezeigerpinsels ist gleichzeitig ein Maß für die Drehgeschwindigkeit.
Die Bezeichnung des Geräts (z.B. 2°/sec) gibt Auskunft über die Drehgeschwindigkeit bei einer Pinselbreite.

T 37: Das symbolisierte Flugzeug bleibt starr. Der symbolisierte Horizont bewegt sich.
Liegt das Flugzeug unter dem Horizont, so fällt es.
Eine Drehbewegung (Kurve) liegt jedoch nur dann vor, wenn auch der Wendezeiger ausschlägt.

T 38: Der Nachprüfschein gibt lediglich Auskunft über die Lufttüchtigkeit.
Für jeden Piloten muß jederzeit ersichtlich sein, ob er mit seinem Gewicht (plus Ausrüstung, Passagier usw.) das Flugzeug in den erlaubten Grenzen betreiben kann.

T 39: Das Fluggewicht ändert sich mit der Zuladung.
Das Leergewicht ändert sich bei Überholung oder Reparatur.
Das Rüstgewicht kann durch zusätzliche Einbauten erhöht werden.
Die Mindestzuladung hängt von der Lage des Leergewichtsschwerpunkts ab.
Die Höchstzuladung ist die Differenz zwischen maximalem Fluggewicht und Leer- bzw. Rüstgewicht.

T 40: Um eine bestimmte Sicherheit bei den Flugeigenschaften zu erzielen, darf der Fluggewichtsschwerpunkt eine bestimmte Rücklage nicht überschreiten.

T 41: Bei gleicher Flughöhe hat das schwerere Flugzeug die größere potentielle Energie, die in kinetische Energie umgewandelt wird. Kinetische Energie drückt sich durch Geschwindigkeit aus.

T 42: Das kopflastige Moment wird um so größer, je weiter die Zuladung vor dem Schwerpunkt liegt.

T 43: Ein Drehmoment bewirkt eine Drehbeschleunigung eines Körpers um eine beliebige Drehachse. Ein frei rotierender Körper rotiert um eine Achse, die durch seinen Schwerpunkt geht.

T 44: Schwerpunktslagen werden im allgemeinen durch Auswiegen ermittelt.

T 45: Es gilt:

Linksdrehendes Moment $A \cdot (a + x)$ = rechtsdrehendes Moment $B \cdot (b - x)$.

Durch Umformung $Aa + Ax = Bb - Bx$

und $Ax + Bx = Bb - Aa$

$x\,(A + B) = Bb - Aa$

ergibt sich die Formel für die Länge x:

$$x = \frac{Bb - Aa}{A + B}$$

eingesetzt ergibt sich $x = \dfrac{337{,}5 \text{ mkp} - 225 \text{ mkp}}{225 \text{ kp}} = \dfrac{112{,}5 \text{ m}}{225} = 0{,}5 \text{ m}$

T 46: Je weiter hinten der Leergewichtsschwerpunkt liegt, desto größer muß die Mindestzuladung sein.

Das Drehmoment, das durch die Zuladung bewirkt wird, hängt ab von ihrer Entfernung vom Schwerpunkt.

Die Zuladung muß mindestens so groß sein, daß die größtmögliche Schwerpunktrücklage laut Kennblatt nicht überschritten wird.

Lösungen Technik

T 1:	b, c	T 2:	c, d	T 3:	a, b, c
T 4:	d, e, f	T 5:	b	T 6:	a, d, e, f, g
T 7:	a, b, c, g	T 8:	d	T 9:	d
T 10:	c	T 11:	b	T 12:	b, c, d
T 13:	d	T 14:	a	T 15:	b, d, e
T 16:	b, d	T 17:	c	T 18:	c
T 19:	c	T 20:	b, c, d	T 21:	c
T 22:	e	T 23:	b, d	T 24:	c
T 25:	b	T 26:	b	T 27:	b, c
T 28:	c	T 29:	d	T 30:	b
T 31:	e	T 32:	a, b, d	T 33:	a, c
T 34:	c, d, e	T 35:	c, e, f	T 36:	c, d
T 37:	f	T 38:	c, d	T 39:	e
T 40:	c, d	T 41:	a, b, e	T 42:	a, d, e
T 43:	b, c, e	T 44:	d, e	T 45:	a, b, e
T 46:	a, b, e				

3. METEOROLOGIE

3.1. Die Lufthülle der Erde

M 1:
Die Lufthülle der Erde läßt sich in verschiedene Schichten einteilen.
Wie lautet die Reihenfolge von der Erdoberfläche aus?

a) Atmosphäre, Stratosphäre, Ionosphäre
b) Tropopause, Mesosphäre, Stratosphäre, Ionosphäre
c) Troposphäre, Stratosphäre, Mesosphäre, Ionosphäre
d) Ionosphäre, Stratosphäre, Mesosphäre, Troposphäre

M 2:
Wie setzt sich Luft in Bodennähe zusammen?

a) 78% Sauerstoff, 21% Stickstoff, 1% Edelgase
b) 71% Stickstoff, 28% Sauerstoff, 1% andere Gase
c) 71% Sauerstoff, 28% Stickstoff, 1% andere Gase
d) 78% Stickstoff, 21% Sauerstoff, 1% andere Gase

M 3:
Wie ändert sich der prozentuale Sauerstoffgehalt mit der Höhe?

a) nimmt gleichmäßig mit dem Luftdruck ab
b) nimmt schneller als der Luftdruck ab
c) bleibt bis in große Höhen prozentual gleich
d) wird prozentual geringer, spezifisch leichtere Gase nehmen zu

M 4:
Nennen Sie Kennzeichen der Troposphäre!

a) steigende Temperatur mit zunehmender Höhe
b) Wettergeschehen
c) durchschnittlicher Temperaturgradient 0,65° C/100 m
d) jahreszeitlich schwankende Obergrenze
e) relativ hoher Ozongehalt
f) Nachbarsphäre der Stratosphäre

M 5:
Nennen Sie Kennzeichen der Stratosphäre!

a) Ozonbildung durch UV-Strahlung
b) steigende Temperatur mit zunehmender Höhe
c) Cirrusbewölkung möglich
d) keine Luftströmungen

M 6:
Welche Gesetze gelten für die Luft als gasförmiger Körper?

a) Temperaturerhöhung bewirkt Volumenänderung
b) Druckerhöhung bewirkt Abkühlung
c) Volumenverringerung bewirkt Abkühlung
d) doppelter Druck ergibt ein Viertel des Volumens

3.2. Luftdruck, Luftdruckmessung

M 7:
Welche Werte werden für die Standardatmosphäre aufgenommen?

a) Luftdruck auf Meereshöhe 750 Torr
b) Luftdruck auf Meereshöhe 1013,25 mb
c) Luftdruck grundsätzlich 1000 mb
d) vertikaler Gradient 1° C/100 m
e) vertikaler Gradient 0,65° C/100 m
f) Temperatur auf Meereshöhe 15° C
g) Temperatur auf Meereshöhe 0° C

M 8:
Wie groß ist der durchschnittliche Luftdruck auf Meereshöhe?

a) 760 Torr
b) 760 mb
c) 1013,25 mb
d) 1013,25 Torr
e) 1000 mb

M 9:
Rechnen Sie 960 mb in Torr um!

a) 1280 Torr
b) 320 Torr
c) 720 Torr
d) 1013 Torr

M 10:
Welche Geräte messen den Luftdruck?

a) Barograph
b) Anemometer
c) Hygrometer
d) Barometer
e) Aneroidbarometer
f) Pluviometer

M 11:
In welcher Höhe herrscht etwa der halbe Wert des Luftdrucks auf Meereshöhe?

a) am Ende der Troposphäre
b) am Beginn der Stratosphäre
c) 3000 m
d) 4000 m
e) 5500 m

M 12:
Was versteht man unter der „barometrischen Höhenstufe"?

a) Höhenunterschied pro Grad Temperaturänderung
b) Höhenunterschied pro Torr Luftdruckänderung
c) Höhenunterschied pro mb Luftdruckänderung
d) Luftdruckänderung pro 100 m Höhenunterschied
e) Luftdruckänderung pro 1000 ft Höhenunterschied

M 13:
Wie groß ist die barometrische Höhenstufe in Meereshöhe?

a) 8 m
b) 8 Torr
c) 8 mb
d) 8° C
e) 8 ft

M 14:
In welcher Höhe herrscht ein Luftdruck von 800 mb, wenn in Meereshöhe 1000 mb gemessen wurden? (Faustregel!)

a) 200 m
b) 800 m
c) 1600 m
d) 3200 m
e) 4000 m

M 15:
Um wieviel ändert sich der Luftdruck, wenn Sie von Meereshöhe aus 2000 m steigen? (Faustregel)

a) ca. 250 mb mehr
b) ca. 250 Torr mehr
c) ca. 250 mb weniger
d) ca. 250 Torr weniger
e) ca. 190 Torr mehr
f) ca. 190 Torr weniger

M 16:
Von welcher Flughöhe an sollte Sauerstoff benützt werden?

a) 4000 ft über NN
b) 4000 m über Grund
c) 4000 m über NN
d) 6000 m über NN

3.3. Höhenmessereinstellungen

M 17:
Was versteht man unter QNH?

a) Höhe über dem Meeresspiegel
b) Höhe über Grund
c) Luftdruck auf Meßhöhe
d) Luftdruck bezogen auf Meereshöhe

M 18:
Was zeigt ein auf QNH eingestellter Höhenmesser an?

a) Höhe über Grund
b) Höhe über NN
c) Höhe über der Meßstation
d) Luftdruck in Meereshöhe
e) Luftdruck in Höhe der Meßstation

M 19:
Ihr Höhenmesser ist auf QNH eingestellt und zeigt 800 m an. Sie überfliegen ein Gelände, das 450 m über dem Meeresspiegel liegt.
Wie hoch sind Sie über Grund?

a) 450 m
b) 350 m
c) 800 m
d) 1250 m

M 20:
Was versteht man unter QFE?

a) Höhe über dem Flugplatz
b) Höhe über der Meßstation
c) Luftdruck über dem Meeresspiegel
d) Luftdruck über einem Flugplatz

M 21:
Was zeigt ein auf QFE eingestellter Höhenmesser an?

a) Standard-Luftdruck
b) Höhe über NN
c) Höhe über dem entsprechenden Flugplatz
d) Luftdruck bezogen auf Meereshöhe

M 22:
Sie fliegen mit QFE-Einstellung von einem 700 m hohen Platz ab. Ein Gebirgszug von 1800 m laut Karte soll mit einem Sicherheitsabstand von 300 m überflogen werden.
Welche Höhenmesseranzeige ist anzustreben?

a) 2800 m
b) 2200 m
c) 1400 m
d) 800 m
e) 1100 m

M 23:
Sie bekommen von einem 500 m hoch gelegenen Flugplatz ein QNH. Nach Einstellung des Höhenmessers zeigt dieser 1200 m an. Wie hoch fliegen Sie?

a) 1200 m über dem Flugplatz
b) 1200 m über NN
c) 700 m über dem Flugplatz
d) 700 m über NN
e) 1700 m über NN

M 24:
Ihr Höhenmesser ist beim Start auf QNH eingestellt worden. Sie bekommen während Ihres Flugs in 1000 m Höhe (laut Anzeige) ein neues QNH. Nach der Einstellung zeigt Ihr Höhenmesser nur noch 970 m an.
Was sagt Ihnen das?

a) Der Höhenmesser ist nicht ganz in Ordnung.
b) Eine der Meßstationen gab Ihnen einen ungenauen Wert.
c) Der Luftdruck ist gestiegen.
d) Der Luftdruck ist gefallen.
e) Sie fliegen vom Hoch ins Tief.
f) Sie fliegen vom Tief ins Hoch.

M 25:
Ihr Höhenmesser ist auf einem 600 m hohen Flugplatz auf QFE eingestellt worden. Sie fliegen über 500 m hohem Gelände mit einer Anzeige von 500 m.
Wie hoch sind Sie?

a) 100 m GND
b) 500 m GND
c) 600 m GND
d) 1100 m NN
e) 1000 m NN

M 26:
Sie erhalten von Ihrem Flugplatz das QNH. Der Platz liegt 470 m hoch. In 200 m GND ist die Platzrunde zu fliegen.
Welche Höhenmesseranzeige müssen Sie einhalten?

a) 670 m
b) 200 m
c) 470 m
d) 270 m
e) 2200 ft
f) 700 ft

M 27:
Ihr Flugzeug steht in der Halle. Der Höhenmesser war tags zuvor auf Null gestellt. Jetzt steht er auf 50 m Höhe.
Was sagt Ihnen das?

a) der Luftdruck ist gestiegen
b) der Luftdruck ist gefallen
c) Druckanstieg um ca. 6 mb
d) Druckfall um ca. 6 mb

M 28:
Welche Faktoren beeinträchtigen die Anzeige des Höhenmessers?

a) die Standard-Atmosphäre
b) der trocken- bzw. feuchtadiabatische Temperaturgradient
c) Temperaturschwankungen der Atmosphäre
d) der örtliche Luftdruck

3.4. Luftfeuchtigkeit

M 29:
Luft kann Wasserdampf aufnehmen.
Welche Regeln gelten dabei?

a) Je wärmer die Luft, um so mehr Wasserdampf enthält sie.
b) Je kälter die Luft, um so weniger Wasserdampf kann sie aufnehmen.
c) Unter Null Grad Celsius kann kein Wasserdampf mehr aufgenommen werden.
d) Der Sättigungsgrad ist bei gleichem Wasserdampfgehalt von der Temperatur abhängig.

M 30:
Was versteht man unter relativer Feuchte?

a) den tatsächlichen Wassergehalt in g/m^3
b) den höchstmöglichen Dampfgehalt in g/m^3
c) den Sättigungsgrad
d) das Verhältnis von absoluter zu maximaler Luftfeuchte

M 31:
Wann wird der Taupunkt der Luft erreicht?

a) beim Erreichen der maximalen Luftfeuchte
b) wenn die relative Luftfeuchte etwa 100% erreicht
c) wenn die absolute Luftfeuchte gleich der maximalen Luftfeuchte ist
d) in der Regel in den Morgenstunden

M 32:
Nach der Faustregel kann Luft pro Kubikmeter und Grad Celsius etwa 1 Gramm Wasser aufnehmen. Wo liegt der Taupunkt, wenn die relative Luftfeuchte 60% und die Temperatur der Luft 18° C beträgt?

a) ca. 18° C
b) ca. 29° C
c) ca. 11° C
d) ca. 7° C

M 33:
Die Lufttemperatur betrage 24°, der Taupunkt liege bei 18° C. Wie hoch ist die relative Luftfeuchtigkeit? (Faustregel)

a) 25%
b) 50%
c) 67%
d) 75%

3.5. Der adiabatische Vorgang

M 34:
Der adiabatische Vorgang hängt mit aufsteigender bzw. absinkender Luft zusammen. Welche Gesetzmäßigkeiten gelten?

a) aufsteigende Luft kühlt sich ab
b) absinkende Luft erwärmt sich
c) absinkende Luft kühlt sich ab
d) aufsteigende Luft erwärmt sich
e) absinkende Luft dehnt sich aus
f) aufsteigende Luft dehnt sich aus

M 35:
Was versteht man unter feucht aufsteigender Luft?

a) Luft mit mehr als 100% Luftfeuchte
b) Luft mit mehr als 50% Luftfeuchte
c) Luft, in der Kondensation stattfindet
d) Luft, in der Niederschläge fallen

M 36:
Wie groß ist der trockenadiabatische Temperaturgradient?

a) ca. 1° C/100 m
b) ca. 0,65° C/100 m
c) ca. 0,5° C/100 m
d) hängt von der jeweiligen Luftmasse ab

M 37:
Wie groß ist der feuchtadiabatische Temperaturgradient?

a) hängt von der jeweiligen Luftmasse ab
b) ca. 1° C/100 m
c) ca. 1 mb/100 m
d) ca. 0,5 bis 0,6 mb/100 m
e) ca. 0,5 bis 0,6° C/100 m

M 38:
Wie groß ist der vertikale Temperaturgradient?

a) 1° C/100 m
b) $0{,}5^{o}$ C/100 m
c) $0{,}65^{o}$ C/100 m
d) hängt von der jeweiligen Luftmasse ab

M 39:
Was versteht man unter einer stabilen Luftschicht?

a) umgebende Luft bleibt immer wärmer als die aufsteigende
b) Luft, in der absinkende Luft sich erwärmt
c) Luft, in der keine Wolkenbildung stattfindet
d) Luft, in der der vertikale Temperaturgradient größer ist als der adiabatische
e) Luft, in der der vertikale Temperaturgradient kleiner ist als der adiabatische
f) unverwirbelte Luft

M 40:
Was versteht man unter einer labilen Luftschicht?

a) Luft, in der Wolkenbildung stattfindet
b) Luftschicht mit einem Gradient über 1° C/100 m
c) Luftmasse, in der sich die aufsteigende Luft schneller abkühlt als die ruhende
d) Luft, in der sich die aufsteigende Luft langsamer abkühlt als die ruhende
e) Luft, in der sich die absinkende Luft schneller abkühlt als die ruhende
f) turbulente Luft

M 41:
Wie verhält sich Luft mit einem vertikalen Temperaturgradienten von $0{,}7^{o}$ C?

a) nur feuchtstabil
b) nur feuchtlabil
c) nur trockenstabil
d) nur trockenlabil
e) gleichzeitig feuchtlabil und trockenstabil
f) gleichzeitig feuchtstabil und trockenlabil

M 42:
Mit welcher Temperatur ist trockene Luft vom Grund aufgestiegen, wenn sie in 1200 m Höhe minus 3° C hat?

a) $+ 14^{o}$
b) $+ 12^{o}$
c) $+ 9^{o}$
d) $+ 3^{o}$
e) $- 3^{o}$

M 43:
Welche Temperatur hat ursprünglich 20° C warme Luft, wenn sie um 800 m trocken aufgestiegen ist?

a) $+ 20^{o}$
b) $+ 28^{o}$
c) $+ 24^{o}$
d) $+ 16^{o}$
e) $+ 12^{o}$

M 44:
Um wieviel muß 12° C warme Luft feucht aufsteigen, um den Gefrierpunkt von Wasser zu erreichen?

a) sie muß absinken
b) ca. 2400 m
c) ca. 600 m
d) ca. 1200 m
e) ca. 250 m

M 45:
Luft erwärmt sich am Boden auf 24° C. Ab 900 m über Grund findet Wolkenbildung statt. Welche Temperatur hat die Luft in 1500 m Höhe, wenn sie vom Boden bis in diese Höhe aufgestiegen ist?

a) + 9°
b) + 16,5°
c) + 4,5°
d) + 12°
e) + 7,5°

M 46:
Was versteht man unter einer Inversion?

a) aufgleitende Luftmassen
b) Luftschicht, deren Temperatur mit der Höhe abnimmt
c) Luftschicht, deren Temperatur mit der Höhe zunimmt
d) besonders hohe Luftschicht
e) Bodenluftschicht
f) eingelagerte Kaltluft

3.6. Wolken, Wolkenbildung, Gewitter

M 47:
Welche Gesetzmäßigkeiten sind für thermische Wolkenbildung charakteristisch?

a) Wolken sind Folge von selbst aufsteigender Luft
b) Luft wurde durch Hindernisse gezwungen aufzusteigen
c) keine hohen Wolken möglich
d) Haufenwolken sind typische Wolkenform
e) Wolkenuntergrenzen sind abhängig vom Sättigungsgrad der Bodenluft

M 48:
Ab welcher Höhe findet Wolkenbildung statt, wenn eine Luftmasse von 25° C und 60% relativer Luftfeuchtigkeit aufsteigen kann (Faustregel!)?

a) 1500 m
b) 1000 m
c) 500 m
d) 2000 m
e) 1250 m

M 49:
Wolken lassen sich nach der Form unterscheiden.
Welche drei Hauptformen treten auf?

a) Gewitterwolken, Haufenwolken, Quellwolken
b) Wellenwolken, Schichtwolken, Haufenwolken
c) Cumulus, Stratus, Lenticularis
d) Regenwolken, Cumuli, Cirren

M 50:
Welche Wolken treten in niedrigen Höhen auf?

a) Stratus, Stratocumulus, Cumulus
b) Nimbostratus, Stratus, Altostratus
c) Cirrostratus, Cumulus, Altocumulus
d) Altocumulus, Cirrocumulus, Stratocumulus

M 51:
Welche Wolkenform neigt zu Schauertätigkeit?

a) Cirrus
b) Nimbostratus
c) Cumulus
d) Cumulonimbus
e) Altostratus

M 52:
In welchen Wolkenarten treten Gewitter auf?

a) Nimbostratus
b) Cumulus
c) Cumulonimbus
d) Stratocumulus
e) Cirrocumulus

M 53:
Auf welche Art können sich Gewitter bilden?

a) rein thermisch
b) orographisch
c) nur an Warmfronten
d) an allen Frontenarten

M 54:
Welche Höhen erreichen Gewitterwolken?

a) bis 1000 m
b) bis 4000 m
c) bis 10000 m
d) bis an die Grenze der Troposphäre

M 55:
Wovon hängt die Gewitterbildung ab?

a) von der Labilität der Luftmasse
b) vom feuchtadiabatischen Temperaturgradient
c) vom trockenadiabatischen Temperaturgradient
d) vom vertikalen Temperaturgradient
e) vom Luftdruck

M 56:
Welche Gefahren birgt ein Gewitter für das Flugzeug?

a) Vereisungsgefahr
b) Hagelschlag
c) Blitzschlag
d) Ausfall von Funknavigationsgeräten
e) starke Fallgebiete
f) Turbulenz
g) Sichtbehinderung auch unterhalb der Gewitterwolke

3.7. Luftmassen, Fronten

M 57:
Warme Luft dringt gegen eine kältere Luftmasse vor. Was bildet sich?

a) eine Kaltfront
b) eine Warmfront
c) eine Okklusion
d) eine Zyklone
e) eine Warmfront und eine Kaltfront

M 58:
Welche Wettererscheinungen sind für eine durchziehende Kaltfront typisch?

a) absinkende Temperatur
b) fallender Luftdruck
c) hochreichende Schichtwolken bei stabiler Warmluft
d) Gewitterbildung bei labiler Warmluft
e) Quellbewölkung nach Durchzug der Front

M 59:
Welche Wettererscheinungen sind beim Durchzug einer Warmfront zu beobachten?

a) sehr hohe, dann absinkende Bewölkung, Niederschläge, Temperaturanstieg, Druckfall
b) Druckanstieg, Temperaturanstieg, Niederschläge
c) Druckfall, stürmische Winde, Temperatursturz, Schauer
d) Gewitterbildung möglich

M 60:
Nennen Sie die Bodenluftmassen in der Reihenfolge von links nach rechts!

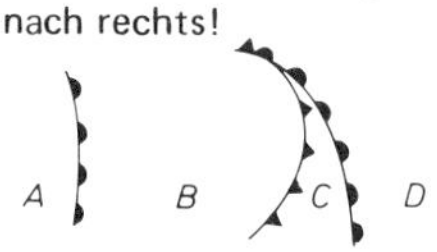

a) Warmluft, Kaltluft, Okklusion, Warmluft
b) Kaltluft, Warmluft, Okklusion, Kaltluft
c) Kaltluft, Warmluft, Kaltluft, Warmluft
d) Warmluft, Kaltluft, Warmluft, Kaltluft

M 61:
Was ist eine Zyklone?

a) ein Wirbelsturm
b) ein Hochdruckgebiet
c) ein Tiefdruckwirbel
d) ein Schlechtwettergebiet

M 62:
Welche Wettererscheinungen sind beim Durchzug einer Zyklone der Reihenfolge nach zu beobachten?

a) Aufklaren nach längerem Regen, Quellbewölkung, steigender Luftdruck, Schauertätigkeit
b) hohe Bewölkung, steigender Luftdruck, plötzlicher Westwind, Schauer
c) absinkende Bewölkung, Temperatursturz, Niederschläge, Aufklaren, Schauer
d) absinkende Bewölkung, Druckfall, Niederschläge, Aufklaren, Druckanstieg, Quellbewölkung

M 63:
Welche Ausdehung kann eine Zyklone haben?

a) bis ca. 10 km
b) bis ca. 100 km
c) bis ca. 500 km
d) bis ca. 1000 km
e) mehrere 1000 km

M 64:
Welche Luftmassen sind gegenüber polarer Luft warm?

a) arktische Luft
b) tropische Luft
c) äquatoriale Luft
d) maritime Luft
e) kontinentale Luft

M 65:
Wann spricht man vom Einbruch kontinentaler polarer Kaltluft?

a) wenn trockene Festlandsluft eine Kaltluftmasse verdrängt
b) wenn erwärmte Kaltluft vordringt
c) wenn feuchte Luft sich abkühlt und dabei vordringt
d) wenn ausgetrocknete Luft polaren Ursprungs wärmere Luftmassen verdrängt

M 66:
Wonach unterscheidet man Luftmassenarten?

a) nach ihrer Temperatur
b) nach ihrer Herkunft
c) nach ihrem Reiseweg
d) nach ihrer Höhe
e) nach ihrer geographischen Breite

M 67:
Was versteht man unter Kaltlufttropfen?

a) eine isolierte Kaltluftzelle
b) unterkühlten Regen?
c) das Gegenteil zur Zyklone
d) Ausläufer einer Kaltfront

M 68:
Wodurch zeichnen sich Kaltlufttropfen aus?

a) unbeständige Witterung
b) beständiges Schönwettergebiet
c) beständiges Schlechtwettergebiet
d) machen Wettervorhersagen schwierig

M 69:
Welche Luftmassen werden nach Deutschland vordringen, wenn über der Biskaya ein wetterbestimmendes Tief liegt?

a) maritime Festlandsluft
b) kontinentale Meeresluft
c) maritime Luftmassen
d) kontinentale Luftmassen

M 70:
Welche Einflüsse auf die Luftmassen rufen die Wirbelbildung bei Hoch- und Tiefdruckgebieten hervor?

a) Temperaturunterschiede
b) Feuchtigkeitsunterschiede
c) Erddrehung
d) Corioliskraft

3.8. Luftbewegungen, Winde

M 71:
Aus dem Isobarenverlauf läßt sich die Windrichtung bestimmen.
Welche Gesetzmäßigkeiten gelten?

a) die Windrichtung verläuft vom Hoch zum Tief
b) die Windrichtung verläuft vom Tief zum Hoch
c) die Windrichtung verläuft etwa parallel zu den Isobaren
d) die Windrichtung verläuft etwa quer zu den Isobaren

M 72:
Der Wind wehe aus Nordwest.
In welcher Richtung vom Beobachter liegt das Tief?

a) Nordwest
b) Südost
c) Nordost
d) Südwest
e) läßt sich nicht bestimmen

M 73:
Im Süden liege ein Tief, im Norden ein Hoch.
Wie verläuft der Wind?

a) aus Osten
b) aus Süden
c) aus Norden
d) aus Westen

M 74:
Was für eine Wetterlage herrscht in Süddeutschland, wenn über Großbritannien ein Hoch und über dem Schwarzen Meer ein Tief liegt?

a) Nordwestlage
b) Nordostlage
c) Südwestlage
d) Südostlage

M 75:
Was bedeutet Wind 045/8?

a) Wind aus Ost mit Stärke 8
b) Wind aus Nordost mit Stärke 8
c) Wind aus Südwest mit 8 km/h
d) Wind mit 45 km/h aus 80 Grad
e) Nordostwind mit 8 Knoten
f) Wind aus Südwest mit 8 Knoten

M 76:
Welche Eigenarten hat der Bodenwind?

a) ist stärker als der Höhenwind
b) ist schwächer als der Höhenwind
c) mit zunehmender Höhe dreht die Windrichtung bis zu einem bestimmten Grad mehr nach rechts
d) entgegengesetzte Richtung zum Höhenwind

M 77:
Welche Regeln gelten für Land- und Seewind?

a) Luft erwärmt sich bei Tag über See schneller als über Land
b) Seewind bläst nachts
c) Luft kühlt sich nachts über Land schneller ab als über See
d) ohne Sonneneinstrahlung kein Seewind

M 78:
Wovon hängen Berg- und Talwind ab?

a) von der Art der Luftmassen
b) von der Lage von Hoch- und Tiefdruckgebieten
c) vom vertikalen Temperaturgradienten
d) von der Sonneneinstrahlung

M 79:
Wovon ist eine Föhnwetterlage abhängig?

a) von der Windrichtung
b) von der Luftfeuchtigkeit
c) von der Lage von Hoch- und Tiefdruckgebieten
d) vom Vorhandensein größerer Wasserflächen
e) vom Vorhandensein eines Gebirgszuges
f) vom Vordringen trockener Festlandsluft

M 80:
Welche Kennzeichen sind für Föhnbildung typisch?

a) zunächst trocken-, dann feuchtadiabatischer Aufstieg von Luftmassen auf der Luvseite
b) feuchtadiabatischer Abstieg auf der Leeseite
c) trockenadiabatisches Absinken auf der Leeseite
d) Staubewölkung und Niederschläge auf der Luvseite
e) höhere Bodenlufttemperatur auf der Leeseite in entsprechender Höhe
f) geringere relative Luftfeuchte auf der Luvseite

M 81:
Was versteht man unter Turbulenz?

a) Böen
b) Luftbewegungen allgemein
c) Verwirbelungen
d) Schwankungen der Windgeschwindigkeit verbunden mit vertikalen Luftbewegungen

M 82:
Was bewirkt die Corioliskraft?

a) Ablenkungen aller Bewegungen auf der Erde nach rechts
b) Ablenkung aller Luftströmungen nach rechts
c) Ablenkung aller im Luftraum bewegten Körper nach rechts
d) Ablenkung aller Luftströmungen auf der Nordhalbkugel nach rechts

M 83:
Welche Aussagen gelten für die Corioliskraft?

a) ist eine Folge der Sonneneinstrahlung
b) ist eine Folge der Erddrehung
c) nimmt zum Äquator hin zu
d) nimmt zu den Polen hin zu
e) ist nur auf der Nordhalbkugel wirksam

M 84:
Was versteht man unter „Jet stream"?

a) Verwirbelungen hinter Großflugzeugen
b) Windströmungen in der Nähe der Tropopause
c) Flugflächen von Strahlflugzeugen
d) Turbulente Windverhältnisse

3.9. Vereisung, Nebel

M 85:
Unter welchen Bedingungen kann Vereisung an der Flugzeugoberfläche eintreten?

a) Fliegen durch Wolken bei Temperaturen auch über Null Grad
b) Durchfliegen von Regenschauern bei Temperaturen unter Null Grad
c) Fliegen in Schneeschauern
d) Durchfliegen von Niederschlagsgebieten bei Temperaturen um plus 5° C.

M 86:
Welche Gefahren kann Vereisung mit sich bringen?

a) Geschwindigkeitsverlust
b) Gewichtszunahme
c) Blockieren der Ruder
d) Ausfall der Funkverbindung
e) verringerte Gipfelhöhe bei motorgetriebenen Flugzeugen
f) veränderte Flugeigenschaften

M 87:
Unter welchen Bedingungen entsteht Nebel?

a) Zufuhr von Luftfeuchtigkeit
b) Durchzug einer Kaltfront
c) Abkühlung feuchter Luft
d) Temperaturen um plus 5° C

M 88:
Wie entsteht Strahlungsnebel?

a) Sonneneinstrahlung erwärmt feuchte Luft, die beim Aufsteigen kondensiert
b) Bodennahe Luftschichten kühlen sich nachts ab.
c) Warme, feuchte Luft strömt über kalte Flächen.
d) Warme, feuchte Luft trifft auf kalte Luftmassen.

M 89:
Welche Faktoren begünstigen Nebelbildung?

a) hoher Luftfeuchtigkeitsgehalt
b) wolkenloser Nachthimmel
c) Windstille
d) trockene Erdoberfläche
e) feuchte Niederungen
f) Berghänge

3.10. Wetterkarte

M 90:
Was bedeutet das Zeichen

in der Wetterkarte?

a) Beobachtungen an dieser Station wurden um 0900 GMT gemacht
b) Bewölkungsgrad 6 Achtel
c) heiter bis wolkig
d) kräftige Niederschläge

M 91:
Was bedeutet in einer Wetterkarte das Zeichen

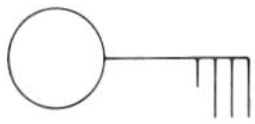

a) Westwind mit 35 km/h
b) stürmischer Ostwind mit Böen
c) Nordwind mit 35 Knoten
d) Ostwind mit 35 Knoten
e) Ostwind mit 35 km/h

M 92:
Was wird durch Isobaren angegeben?

a) Höhen gleichen Luftdrucks
b) Orte gleichen Luftdrucks
c) Orte, die denselben auf NN bezogenen Luftdruck aufweisen
d) Orte gleicher Temperatur

M 93:
Was läßt sich aus dem Verlauf der Isobaren erkennen?

a) Lage von Hochdruckgebieten
b) Lage von Tiefdruckgebieten
c) Lage von Niederschlagsgebieten
d) Temperaturverläufe
e) Windrichtungen
f) Druckflächen

M 94:
Welcher Schluß läßt sich aus weit auseinanderliegenden Isobaren ziehen?

a) Bildung einer Zyklone ist wahrscheinlich
b) Schönwettergebiet
c) Schlechtwettergebiet
d) geringe Windstärken
e) schnelle Änderung der Witterungsverhältnisse

M 95:
Wodurch werden Hoch- und Tiefdruckgebiete in Höhenwetterkarten dargestellt?

a) durch Isobaren
b) durch Isothermen
c) durch Isoklinen
d) durch Isohypsen
e) durch Isotachen

M 96:
Welche Angaben sind auf der Wetterkarte in Zahlen verschlüsselt angegeben?

a) Luftdruck
b) Temperatur
c) Taupunkt
d) Sichtweite
e) Wolkenformen

M 97:
Welche Angaben werden auf der Wetterkarte in Symbolen dargestellt?

a) Art der Luftdruckveränderung
b) Wettergeschehen
c) Bewölkungsarten
d) Windstärke
e) Temperatur
f) Sichtweite
g) Luftfeuchte

M 98:
Welche Angaben stehen an den mit Buchstaben bezeichneten Stellen dieser Wettermeldung?

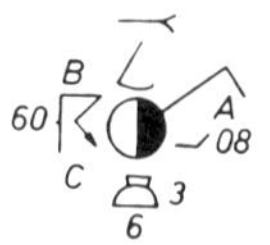

a) A = Temperatur, B = Luftdruck, C = Luftdruckänderung
b) A = Luftdruck, B = Taupunkt, C = Luftfeuchtigkeit
c) A = Sichtweite, B = Wolkenhöhe, C = Wettergeschehen in den letzten Stunden
d) A = Luftdruck, B = Temperatur, C = Taupunkt

M 99:
Was bedeutet die Zahl 60 in der Wettermeldung von Frage M 98?

a) Sichtweite 60 km
b) Sichtweite 10 km
c) Luftdruck 760 Torr
d) Luftdruck 960 mb
e) diese Station meldet alle 60 Minuten ihr Wetter
f) Niederschlagsmenge in mm

M 100:
Was bedeutet die Zahl 08 in der Wettermeldung der Frage M 98?

a) Luftdruckanstieg um 0,8 mb
b) Luftdruckanstieg um 8 mb
c) Luftdruckanstieg um 0,8 Torr
d) Luftdruck 1008 mb
e) Lufttemperatur 8° C
f) Sichtweite 8 km

M 101:
Welche Aussagen sind für Flugplatzvorhersagen richtig?

a) Gültigkeitsdauer 3 Stunden
b) werden alle 3 Stunden neu erstellt
c) beinhalten Hinweise für Segelflieger
d) geben u. a. auch Höhenwinde an
e) geben nur den Bodenwind an

M 102:
Welche Bedeutung haben die Begriffe CAVOK – NOSIG – PROB 30?

a) VFR – Bedingungen – keine Angaben über die Sicht – Böigkeit
b) VFR – Bedingungen – keine wesentlichen Änderungen zu erwarten – Wahrscheinlichkeit für . . . 30%
c) Flugverkehrsfreigabe erteilt – keine besonderen Vorkommnisse – wahrscheinlich 30 Knoten Wind zu erwarten
d) Starten nach eigenem Ermessen – keine Änderungen zu erwarten – Wahrscheinlichkeit 30%

M 103:
Was bedeuten RAPID – TEMPO – INTER – GRADU?

a) tiefgreifend – rasch – innerhalb – langsam
b) rasche – zeitlich begrenzte – zeitweise – allmähliche Änderung
c) stark – rasch – innerhalb – wärmer
d) erhebliche – zeitweise – kurzzeitige – allmähliche Änderung

M 104:
Entschlüsseln Sie folgenden Teil einer TAF-Meldung
. . . 01015 9999 58rash . . .

a) gültig von 10 bis 15 Uhr GMT – Windstille – schnelle Änderung zu erwarten
b) Wind aus 150° mit 10 Knoten – unbegrenzte Sicht – Regen
c) Wolkenuntergrenze zwischen 1000 und 1500 ft – bedeckt – Regenschauer
d) Wind aus 10° mit 15 Knoten – mehr als 10 km Sicht – Regenschauer

M 105:
Was können Sie folgender TAF-Meldung entnehmen?
eddn 1019 27010 3000
8st005 gradu 1518 9999
5sc020 8st040

a) Nürnberg ist bis ca. 15 Uhr nicht unter VFR-Bedingungen anfliegbar
b) in 3000 ft Westwind mit 10 Knoten
c) ab 15 Uhr ist Sichtverschlechterung zu erwarten
d) Wolkenuntergrenze hebt sich am Nachmittag an
e) untere Wolkenschicht lockert auf

M 106:
Was wissen Sie über Automatische Flugwetteransagen (AFWA)?

a) gelten als individuelle Beratung
b) gelten nur dann als individuelle Beratung, wenn sie innerhalb einer Stunde vor dem Start abgerufen wurden
c) enthalten Hinweise für Segelflieger
d) erfassen entweder den Bereich Süd oder Nord der BRD
e) enthalten Angaben über Höhenwinde in 1000 ft gestaffelt
f) Gebiete sind in Zahlen verschlüsselt
g) über AFWAs informiert das AIP
h) werden bis Fl 200 ausgegeben.

M 107:
Was bedeuten bei AFWAs die Begriffe geschlossen – schwierig – offen

a) geschlossene Schneedecke – schwierige Platzverhältnisse – Platz ohne vorherige Anmeldung anfliegbar
b) 8 Achtel Bewölkung – für gute Piloten zu bewältigen – keinerlei Probleme
c) IMC – Sicht zwischen 1,5 und 8 km – Hauptwolkenuntergrenze höher als 1500 ft GND
d) Sicht unter 1,5 km – Hauptwolkenuntergrenze zwischen 500 und 1500 ft – Sicht 8 km und mehr

Hinweise Meteorologie

M 1: Die gesamte Lufthülle der Erde wird Atmosphäre genannt. Die Troposphäre ist die bodennächste Luftschicht. An sie schließen sich Stratosphäre, Mesosphäre und Ionosphäre an.
Mit Pausen werden die Grenzflächen der einzelnen Sphären bezeichnet.

M 2: Den Hauptanteil am Gasgemisch hat Stickstoff.

M 3: Sauerstoff ist ein relativ schweres Gas. Auf Grund der Schwerkraft der Erde würden sich die einzelnen Gasarten in Schichten ablagern, wenn nicht eine dauernde Durchmischung stattfände. In ca. 60 km Höhe ist der Sauerstoffanteil praktisch Null, während Wasserstoff und Edelgas, vor allem Helium, ihren Anteil vergrößern.

M 4: Die Temperatur nimmt in der Troposphäre durchschnittlich um $0{,}65^{0}$ C pro 100 m Höhenunterschied ab.
Hier treten alle Erscheinungen auf, die zum Wetter gehören. Da die Wettertätigkeit von der Sonneneinstrahlung abhängt, hebt sich die Obergrenze der Troposphäre im Sommer und sinkt in der kalten Jahreszeit wieder ab.
Entsprechend ist sie in den Tropen höher als an den Polen.

M 5: Durch Einwirkung von UV-Strahlung bildet sich in der Statosphäre Ozon, eine Form des Sauerstoffs (chem. Formel O_3).
Die Temperatur steigt mit zunehmender Höhe wieder an, was die Wolkenbildung in der Regel unmöglich macht.
Laminare Luftströmungen sind ein weiteres Kennzeichen.

M 6: Die Gasgesetze besagen, daß Druck, Temperatur und Volumen direkt voneinander abhängig sind.
Kompression bewirkt Temperaturerhöhung.
Volumenvergrößerung bewirkt Abkühlung.
Druckverminderung hat Volumenvergrößerung zur Folge, falls dies ermöglicht wird.

M 7: Bei der Standard-Atmosphäre werden Mittelwerte angenommen, die die Grundlage für einheitliche Bauweisen von Höhenmessern usw. bilden.
Luftdruck auf Meereshöhe sei 1013,25 mb
Temperatur auf Meereshöhe sei 15° C
vertikaler Temperaturgradient sei 0,65° C
von 11 km bis 20 km Höhe bleibe die Temperatur konstant

M 8: Der durchschnittliche Luftdruck auf Meereshöhe ist imstande, einer 76 cm hohen Quecksilbersäule (chem. Zeichen Hg) das Gleichgewicht zu halten.

M 9: Ein Millibar entspricht 3/4 mm Quecksilbersäule (Torr).

M 10: Der Barograph registriert den Luftdruck in Abhängigkeit von der Zeit auf Folie oder Papier.
Anemometer sind Windmesser.
Hygrometer messen die Luftfeuchtigkeit.
Pluviometer sind Geräte zur Messung der Niederschlagsmenge.

M 11: Der Luftdruck nimmt etwa alle 5500 m um die Hälfte ab. Diese Faustregel gilt für die unteren Sphären.

M 12: Die barometrische Höhenstufe gibt an, welcher Höhenunterschied eine Luftdruckänderung um 1 mb bewirkt.
Sie wird mit zunehmender Höhe kontinuierlich größer.

M 13: siehe M 12

M 14: Die barometrische Höhenstufe beträgt in Meereshöhe 8 m.

M 15: Der Luftdruck nimmt mit zunehmender Höhe ab.
1 mb = 3/4 Torr

M 16: Ab 3500 m können unter ungünstigen Verhältnissen bereits erste Störungen im menschlichen Organismus auftreten, die durch Sauerstoffmangel bedingt sind.

M 17: QNH ist genau genommen die Frage nach dem auf Meereshöhe bezogenen Luftdruck.

M 18: Der Höhenmesser gibt den Druckunterschied zwischen Meereshöhe und Flughöhe in Längeneinheiten an, wenn er auf QNH gestellt wurde.

M 19: Bei QNH-Einstellung ist Ihre Höhe über Grund immer die Differenz zwischen Höhenmesseranzeige und Geländehöhe.

M 20: QFE ist die Frage nach dem örtlichen Luftdruck über einem bestimmten Flugplatz.

M 21: Bei QFE-Einstellung wertet der Höhenmesser den Druckunterschied zwischen Flugplatzhöhe und Flughöhe aus.

M 22: Bei dieser QFE-Einstellung geht Ihr Höhenmesser von einer Höhe von 700 m aus.

M 23: Um die Höhe über dem Flugplatz zu bestimmen, müssen Sie die Differenz zwischen Höhe über NN und Höhe des Flugplatzes über NN berechnen.

M 24: Wenn Sie Ihre Höhe während der Korrektureinstellung beibehalten haben, zeigt der Höhenmesser 30 m weniger an. Den gleichen Effekt könnten Sie erzielen, wenn Sie sich in ein Gebiet höheren Luftdrucks begäben.
Vor der Korrektur hat der Höhenmesser also mit einem höheren Ausgangsdruck gearbeitet.

M 25: Ihr Höhenmesser geht in diesem Fall vom Luftdruck über dem Flugplatz aus.

M 26: Ihr Höhenmesser zeigt in diesem Fall die Höhe über dem Meeresspiegel an.

M 27: Den gleichen Effekt hätten Sie am Tag zuvor erzielen können, wenn Sie das Flugzeug auf 50 m Höhe gebracht hätten.
Die barometrische Höhenstufe ist mit 8 m anzunehmen.

M 28: Höhenmesser werden unter Zugrundelegung der Standard-Atmosphäre gebaut.
Je näher die tatsächlichen Werte der „aktuellen Luft" an die Werte der Standard-Atmosphäre herankommen, desto näher liegt die Anzeige am tatsächlichen Wert.

M 29: Der maximale Wasserdampfgehalt der Luft ist von der Lufttemperatur abhängig.
Das bedeutet aber noch lange nicht, daß warme Luft auch sehr viel Feuchtigkeit enthalten muß.
Sinkt die Lufttemperatur ab, so sinkt auch die Fähigkeit, Dampf aufzunehmen.
Es kann Kondensation eintreten.

M 30: Die relative Luftfeuchtigkeit vergleicht die tatsächliche (absolute) Feuchtigkeit mit der höchstmöglichen (maximalen).

M 31: Unter Taupunkt versteht man die Temperatur, bei der Luft ihren Sättigungsgrad erreicht.

M 32: Die absolute Luftfeuchtigkeit beträgt in unserem Fall rund 11 Gramm pro Kubikmeter. Um den Taupunkt zu erreichen, muß sich die Luft so weit abkühlen bis sie nur diese 11 Gramm pro Kubikmeter aufnehmen kann.

M 33: Wenn bei 18° C die Luft gesättigt ist, dann muß sie auch schon bei 24° C nach Faustregel 18 Gramm pro Kubikmeter enthalten haben.

M 34: Ein aufsteigendes Luftpaket gelangt in Schichten geringeren Luftdrucks. Das bedeutet, daß der umgebende Druck geringer wird. Nach den Gasgesetzen nimmt auch der Rauminhalt des Luftpakets zu.
Volumenvergrößerung hat Abkühlung zur Folge.
Beim Absinken sind die Vorgänge entsprechend umgekehrt.

M 35: Tritt in einer Luftmasse Kondensation von Wasserdampf ein, so verhält sie sich bezüglich Temperaturänderungen mit der Höhe anders als trockene Luft.

M 36: Der trockenadiabatische Gradient gibt die Temperaturänderung von vertikal bewegter Luft pro 100 m Höhenunterschied an. Dabei erreicht trockene Luft größere Werte als feuchte.

M 37: Der feuchtadiabatische Gradient bezieht sich auf ein Luftpaket, in dem Kondensations- oder Verdampfungsvorgänge stattfinden.
Feucht aufsteigende Luft nimmt deshalb langsamer an Temperatur ab, weil durch Kondensation Wärme frei wird (sog. Kondensationswärme).

M 38: Der vertikale Temperaturgradient wird durch Radiosondenaufstiege festgestellt.
Von der Größe des vertikalen Gradienten hängt es ab, ob eine Luftmasse stabil, labil oder indifferent ist.
Der Standardwert beträgt 0,65^{o} C, sagt jedoch nichts über die aktuelle Beschaffenheit der Luft aus.

M 39: In einer stabilen Luftschicht bleibt die umgebende Luft immer wärmer als aufsteigende. Dadurch wird selbständiger Aufstieg verhindert.
Thermik- und Wolkenbildung gibt es nur dann, wenn sich Bodenluft so stark aufgeheizt hat, daß sie sich vom Boden ablösen (Auslösetemperatur) bzw. auch das Kondensationsniveau erreichen kann.

M 40: Aufsteigende Luft bleibt in labiler Schicht immer wärmer als die umgebende.
Die Aufstiegsgeschwindigkeit nimmt solange zu, bis Schichten geringerer Labilität erreicht werden.
Wolkenbildung ist zwar wahrscheinlich, aber nicht zwangsläufig notwendig, da sie auch vom Feuchtigkeitsgehalt der Luft abhängt.

M 41: Die umgebende Luft kühlt sich in diesem Falle schneller ab als feucht aufsteigende, aber langsamer als trocken aufsteigende.

M 42: Trocken aufsteigende Luft kühlt sich mit einem Gradienten von 1°/100 m ab.

M 43: 800 m Höhenunterschied haben für trocken aufsteigende Luft eine Temperaturdifferenz von 8° C zur Folge.

M 44: Zur Abkühlung um 1° C muß „feuchte Luft" um ca. 200 m aufsteigen.

M 45: Von 900 m an wird die Luft feucht aufsteigen, da hier Kondensation eintritt.

M 46: Inversionen können am Boden oder in der Höhe auftreten. Es sind Luftschichten, deren Temperaturänderung mit der Höhe sich entgegen dem Regelfall verhält.

M 47: Wenn Luft erwärmt wird und auf Grund ihres geringeren spezifischen Gewichts ohne andere mechanische Einflüsse aufsteigt und das Kondensationsniveau erreicht, spricht man von thermischer Wolkenbildung.
Auch Gewitterwolken können sich rein thermisch bilden (Wärmegewitter).
Je geringer die Luftfeuchtigkeit, desto höher die Basis.

M 48: Bei 60% Luftfeuchte sind pro Kubikmeter 15 Gramm Wasser in Form von Dampf enthalten.
Laut Faustregel liegt der Taupunkt bei 15° C.

M 49: Man unterscheidet Haufenwolken (Cumulus)
Schichtwolken (Stratus)
Wellenwolken (Lenticularis)

M 50: Cirren und ihre Nebenformen tauchen nur in größeren Höhen auf.
Die Vorsilben alto- bedeuten, daß diese Wolkenform im mittleren Stockwerk (etwa 2500 m bis 7000 m) auftritt.

M 51: Während Schichtwolken zu meist anhaltenden Niederschlägen neigen, treten Schauer bei Quellwolkenbildung auf.
Besonders heftige Schauer gehen aus Gewitterwolken hervor.

M 52: Gewitter treten bei labiler Schichtung auf. Dabei erreichen die Quellwolken zum Teil Obergrenzen bis in die Nähe der Tropopause.

M 53: Ortsgebundene Gewitter entstehen, wenn sich Bodenluft erwärmt und in labiler Luftmasse bis in große Höhen aufsteigt. Gewitterbildung an den Fronten ist ebenfalls abhängig von der Labilität der Luftmassen.

M 54: siehe M 52

M 55: Je größer die Instabilität der Luftmasse ist, desto größer ist die Gewitterneigung bzw. desto heftiger sind die Gewittererscheinungen.
Der vertikale Temperaturgradient gibt den Grad der Stabilität einer Luftmasse an.

M 56: In Gewittern können alle Gefahren auftreten, die das Wettergeschehen bieten kann.

M 57: Fronten werden nach der vordringenden Luftmasse benannt.

M 58: Kalte Luft schiebt sich unter warme. Dabei werden die wärmeren Luftmassen rasch emporgehoben.
Je nach Labilität der Warmluft kommt es zu Schicht- oder Quellwolken.
Nach dem Durchzug der Front kann es zu ausgeprägter Quellung kommen.

M 59: Warme Luft gleitet langsam auf kältere auf. Sie bringt niedrigere Druckwerte mit sich.
Je nach Labilität kann es zu Schicht- oder Quellbewölkung kommen.

M 60: Die spitzen Dreiecke stehen für Kaltluft, die Halbkreise für Warmluft. Diese Symbole weisen in Zugrichtung der Luftmassen.

M 61: Zyklonen entstehen auf der Nordhalbkugel an der Berührungsfläche zwischen polarer Kaltluft und wärmerer Luft der Westwindzone.
Es bildet sich ein linksdrehender Wirbel aus, dessen Luftdruck abnimmt.

M 62: Zunächst sind die Wettererscheinungen der Warmfront zu beobachten. Nach Durchzug des Warmluftsektors folgt die Kaltfront mit ihren typischen Erscheinungen.

M 63: Je nach Größe und Zuggeschwindigkeit kann der Durchzug eines Tiefdruckwirbels ein bis mehrere Tage dauern.

M 64: Luftmassen lassen sich nach ihrer geographischen Herkunft ordnen. Dabei stammen die wärmsten Luftmassen aus äquatorialen Zonen, die kältesten aus arktischen Breiten.

M 65: Luftmassen lassen sich nach ihrem thermodynamischen Verhalten ordnen. Dabei werden solche Luftmassen als warm bezeichnet, die gegenüber ihrer Nachbarluftmasse eine höhere Temperatur aufweisen.
Außerdem nehmen Luftmassen über Wasserflächen Feuchtigkeit auf, während Luft nach längerem Reiseweg über Landflächen austrocknet.

M 66: Man unterscheidet kalte und warme Luftmassen
arktische, polare, tropische und äquatoriale Luft
maritime (Meeresluft) und kontinentale (Festlandsluft)

M 67: Wird Kaltluft von einer vordringenden Warmluftmasse von ihrem Ursprungsgebiet abgeschnitten, so entsteht ein Kaltlufttropfen, der über mehrere hundert Kilometer hinweg sein eigenes Wetter „macht".

M 68: Von wechselnder Bewölkung, zeitweisen Niederschlägen, Schauertätigkeit bis zur Gewitterbildung ist in Kaltlufttropfen alles möglich.

M 69: Luftmassen werden um ein Tief im Gegenuhrzeigersinn geführt. Das bedeutet in unserm Fall, daß die Luft über den Atlantik geströmt sein muß, bevor sie in unser Gebiet gelangt.

M 70: Der Anstoß zur Bildung von Zyklonen kommt in der Regel von Temperaturunterschieden, die aber nicht die Drehbewegungen auslösen.
Auf Grund der Erddrehung wirkt scheinbar eine Kraft auf bewegte Körper ein.

M 71: Die Druckkraft der Luftteilchen wirkt senkrecht zu den Isobaren zum Tief hin. Auch die Corioliskraft wirkt senkrecht zu den Isobaren, allerdings in entgegengesetzter Richtung zur Druckkraft. Das verhindert eine Windrichtung direkt vom Hoch ins Tief.

M 72: Luftströmungen bewegen sich im Uhrzeigersinn um ein Hoch, im Gegenuhrzeigersinn um ein Tief.

M 73: siehe M 72

M 74: siehe M 72

M 75: Die erste Zahl gibt die Windrichtung in Graden an. Der Wind wird immer mit der Richtung bezeichnet aus der er kommt.
Die zweite Zahl gibt die Windstärke an.

M 76: Durch den Einfluß der Reibung verringert sich in Bodennähe die Windstärke. Außerdem bekommt der Wind eine Komponente zum Hoch hin, da durch die geringere Geschwindigkeit auch die Corioliskraft verringert wird.

M 77: Landflächen erwärmen sich bei Sonneneinstrahlung schneller als Wasserflächen. Warme Luft steigt auf, kalte fließt nach. Der Kreislauf schließt sich in der Höhe.

M 78: Berghänge erwärmen sich tagsüber an der Sonnenseite stärker. Warme Luft steigt auf und löst sich am Kamm ab.
Nachts kühlen sich die bodennahen Schichten kräftig ab. Die kalten Luftmassen sinken ins Tal ab.

M 79: Hoch- und Tiefdruckgebiete bestimmen die Hauptwindrichtungen. Der eigentliche Föhn entsteht, wenn mit einer Südströmung relativ feuchte Luftmassen gegen die Alpen geführt werden. Unabhängig davon kann es aber an anderen, entsprechend hohen Gebirgszügen zu Föhnerscheinungen kommen.

M 80: Auf der Windseite (Luv) wird die Luft gezwungen aufzusteigen. Nach Erreichen des Kondensationsniveaus entsteht Staubewölkung mit anhaltenden Niederschlägen.
Nach Erreichen der Kammhöhe sinkt die Luft trockenadiabatisch ab und kommt deshalb mit höherer Temperatur und geringerer Luftfeuchtigkeit auf der Leeseite an.

M 81: Unter Böen versteht man lediglich Geschwindigkeitsschwankungen in der Luftbewegung.

M 82: Die Erde dreht sich von West nach Ost.
Als anschauliche Erklärung kann man sich vorstellen, daß sich die Erde unter dem bewegten Körper weiterdreht.

M 83: Als Folge der Erddrehung bekommt ein vom Erdboden befreiter Körper auch die Geschwindigkeit der Erddrehung mit.
Die Übergangszone zwischen den beiden Ablenkungsrichtungen links und rechts liegt am Äquator.

M 84: In der Nähe der Tropopause werden Zonen hoher Windgeschwindigkeiten festgestellt, die sich mit der Jahreszeit verschieben. Die größten Geschwindigkeiten treten dabei auf der Achse des Jetstream (kurz Jet) auf.

M 85: Vereisung tritt am häufigsten bei Temperaturen um -5^{0} C auf. Sobald die Luft aber bei Temperaturen unter 0^{0} C Wasser in fester oder flüssiger Form enthält, kann Vereisung auftreten. In Vergasern kann auch Vereisung bis ca. $+ 10^{0}$ C möglich sein.

M 86: Die Ablagerungen an der Flügelnase und den Leitwerksflächen haben zur Folge, daß sich die aerodynamischen Verhältnisse verschlechtern. Das bedeutet Auftriebsverlust und Widerstandserhöhung.
Eisansatz an den Radioantennen hat noch keinen Ausfall der Funkverbindung zur Folge, solange die Antennenanlage nicht beschädigt wird.

M 87: Nebel entsteht dann, wenn sich Luft entweder bis zum Taupunkt abkühlt, oder wenn durch Feuchtigkeitsaufnahme die maximale Luftfeuchtigkeit erreicht wird.

M 88: Durch Wärmeabstrahlung werden die bodennahen Schichten abgekühlt. Beim Erreichen des Taupunkts tritt Kondensation ein. Kommt warme, feuchte Luft in Berührung mit kalten Flächen, so entsteht der sog. Advektionsnebel, wenn sich die Luft bis unter ihren Taupunkt abkühlt.
Trifft warme, feuchte Luft auf eine kalte Luftmasse, so entsteht in der Berührungszone der sog. Mischungsnebel, falls der Taupunkt unterschritten wird.

M 89: Je höher der Feuchtigkeitsgehalt ist, desto größer ist die Wahrscheinlichkeit der Nebelbildung.
Wolkenloser Nachthimmel begünstigt die Wärmeabstrahlung.
Stärkere Luftbewegungen sorgen für Durchmischung der Luft.

M 90: Das Zeichen stellt einen Stationskreis auf der Wetterkarte dar. Die ausgefüllte Fläche gibt den Bedeckungsgrad an.

M 91: Am Stationskreis hängt die Windfahne.
Dabei gibt der „Mast" die Windrichtung an.
Die Fahnen sind ein Maß für die Windgeschwindigkeit, die in Knoten gemessen wird.

M 92: Isobaren sind Linien gleichen (auf Meereshöhe bezogenen) Luftdrucks.

M 93: Das Druckgefälle ist maßgebend für Windgeschwindigkeiten, Niederschlagsgebiete können nur vermutet werden, da sie von zusätzlichen Faktoren (Feuchtigkeit, Temperatur, örtliche Verhältnisse usw.) abhängig sind.

M 94: Das Druckgefälle ist gering.
Niederschläge und Witterungsverhältnisse hängen nicht nur vom Luftdruck ab.

M 95: Isothermen sind Linien gleicher Temperatur.
Isoklinen sind Linien gleicher Inklination.
Isohypsen sind Linien gleicher Höhe, kurz Höhenschichtlinien.
Isotachen sind Linien gleicher Geschwindigkeit. (In der Meteorologie ist damit die Windgeschwindigkeit gemeint.)

M 96: Luftdruck und Luftdruckänderung werden in Zehnteln angegeben, wobei die ersten Ziffern weggelassen werden.
134 bedeutet z.B. 1013,4 mb.
Temperatur und Taupunkt stehen links vom Stationskreis unverschlüsselt.
Die Sichtweite wird in km angegeben. Bis zur Zahl 50 ist die Sicht 1/10 der Zahl in km. Ab 50 ist die Sicht so groß wie die Zahl in km abzüglich 50. 70 bedeutet z.B. 20 km Sicht.
Die Höhe der tiefen Wolken wird mit einer Schlüsselzahl angegeben. Die Form der Wolken wird durch Symbole dargestellt.

M 97: Alle Wolkenformen werden in Symbolen dargestellt. Windstärke und -richtung werden durch die Fahne angegeben. Die Art der Luftdruckänderung wird durch eine fallende oder eine steigende Linie angedeutet.
Auch das Wettergeschehen wie Niederschläge, Gewitter usw. wird durch Zeichen erläutert.

M 98: Im Uhrzeigersinn stehen um den Stationskreis folgende Angaben:
Luftdruck
Luftdruckänderung
vorangegangene Witterung
Form, Betrag und Höhe der tiefen Wolken
Taupunkt
Sichtweite und gegenwärtige Witterung
Lufttemperatur
Form der mittelhohen und hohen Wolken

M 99: siehe M 96

M100: Die Luftdruckänderung wird in Zehnteln angegeben.

M 101: TERMINAL AERODROME FORECASTS (TAF) werden für die Flughäfen erstellt und über Fernschreiber verbreitet. Sie dienen vorwiegend als Landewettervorhersage, geben aber damit auch einen Überblick über die zu erwartenden Sichtflugbedingungen auf einer Strecke.

M 102:

CAVOK	=	ceiling and visibility ok
NOSIG	=	no significant change
PROB	=	probability

M 103:

RAPID	=	rapid
TEMPO	=	temporary
INTER	=	intermittent
GRADU	=	gradual

M 104: Schlüssel für die TAF-Meldungen:

CCCC	Ortskennung des Flugplatzes
GGGG	Gültigkeitsdauer
dddff	Windrichtung und -stärke
VVVV	Sichtweite in m (Bodensicht)
w'w'	Wettererscheinungen in Kennzahl und Abkürzungen
$NCCC_hC_hC_h$	Achtel der nachfolgenden Wolkenart mit Untergrenze in 100 ft

M 105: Veränderungen sind den Begriffen RAPID, TEMPO, GRADU, INTER oder PROB nachgestellt.

M 106: Alles über AFWAs im Teil MET des AIP.

M 107: Angaben über meteorologische Bedingungen für VFR-Flugplanung.

Lösungen Meteorologie

M 1: c	M 2: d	M 3: b, d
M 4: b, c, d, f	M 5: a, b	M 6: a
M 7: b, e, f	M 8: a, c	M 9: c
M 10: a, d, e	M 11: e	M 12: c
M 13: a	M 14: c	M 15: c, f
M 16: c	M 17: d	M 18: b
M 19: b	M 20: d	M 21: c
M 22: c	M 23: b, c	M 24: d, e
M 25: c, d	M 26: a, e	M 27: b, d
M 28: c, d	M 29: b, d	M 30: c, d
M 31: a, b, c	M 32: c	M 33: d
M 34: a, b, f	M 35: c	M 36: a
M 37: e	M 38: d	M 39: a, e
M 40: b, d	M 41: e	M 42: c
M 43: e	M 44: b	M 45: d
M 46: c	M 47: a, d, e	M 48: b
M 49: b, c	M 50: a	M 51: c, d
M 52: c	M 53: a, b, d	M 54: d
M 55: a, d	M 56: a, b, c, d, e, f, g	M 57: b
M 58: a, d, e	M 59: a, d	M 60: d
M 61: c	M 62: d	M 63: d
M 64: b, c	M 65: d	M 66: a, b, c
M 67: a	M 68: a, d	M 69: c
M 70: c, d	M 71: c	M 72: c
M 73: a	M 74: b	M 75: e
M 76: b, c	M 77: c, d	M 78: d
M 79: a, b, c, e	M 80: a, c, d, e	M 81: c, d
M 82: d	M 83: b, d	M 84: b
M 85: b, c	M 86: a, b, c, e, f	M 87: a, c
M 88: b	M 89: a, b, c, e	M 90: b
M 91: d	M 92: c	M 93: a, b, e
M 94: d	M 95: d	M 96: a, d
M 97: a, b, c, d	M 98: d	M 99: b
M 100: a	M 101: b, e	M 102: b
M 103: b	M 104: d	M 105: a, d, e
M 106: b, c, d, f, g		

4. NAVIGATION

4.1. Ortsbestimmung auf der Erde

N 1:
Welche Angaben über den Planet Erde sind richtig?

a) Erdumfang 40000 km
b) Erddurchmesser 6500 km
c) Die Erdachse liegt in der Äquatorebene
d) Die Erdachse läuft durch die Pole
e) Die Jahreszeiten sind eine Folge der Erddrehung
f) Die Erdachse steht senkrecht auf der Umlaufebene

N 2:
Welche Eigenschaften haben die Breitenkreise?

a) Laufen zu den Polen hin zusammen
b) Breitengrade haben immer gleichen Abstand
c) Der nullte Breitengrad ist der Äquator
d) Der 180. Breitengrad ist ein Pol
e) Breitenkreise sind immer gleich groß

N 3:
Zwischen welchen Breitengraden liegt die Bundesrepublik Deutschland?

a) zwischen 6. und 14. Grad Nord
b) zwischen 47. und 55. Grad Nord
c) zwischen 6. und 14. Grad Ost
d) zwischen 47. und 55. Grad Ost

N 4:
Welche Entfernung liegt zwischen zwei vollen Breitengraden?

a) 1 Seemeile
b) 60 Seemeilen
c) 360 km
d) 111 km

N 5:
Wie groß ist eine nautische Meile?

a) der 100ste Teil eines Breitengrades
b) 1 Breitenminute
c) 1 Breitensekunde
d) 1,852 km
e) 1,609 km

N 6:
Rechnen Sie eine Breite von 2° 25′ 30″ in Kilometer um!

a) 225,3 km
b) 269,5 km
c) 271,0 km
d) 840,5 km

N 7:
Welche Aussagen sind für die Meridiane richtig?

a) Alle Meridiane sind gleich groß
b) alle Meridiane verlaufen parallel zum Äquator
c) Meridiane sind Halbkreise
d) es gibt zwei mal 90 Meridiane
e) der nullte Meridian verläuft durch Greenwich

N 8:
Zwischen welchen Längengraden liegt die Bundesrepublik Deutschland?

a) zwischen 6° West und 14° Ost
b) zwischen 6° Ost und 14° West
c) zwischen 6° Ost und 14° Ost
d) zwischen 6° West und 14° West
e) zwischen 6° Nord und 14° Nord

N 9:
Wie läßt sich ein Punkt auf der Erdkugel bestimmen?

a) nur durch Angabe des Meridians
b) nur durch Angabe der Breite
c) durch Angabe von Länge und Breite
d) durch Angabe der Entfernung vom Nordpol und des Abstands vom Äquator
e) durch Angabe des Abstands vom Äquator und des Meridians

N 10:
Wie genau läßt sich ein Ort auf der Erde mit Hilfe des Koordiantensystems (Grade, Minuten, Sekunden) bestimmen?

a) auf etwa 1 Seemeile genau
b) auf etwa 1 Kilometer genau
c) auf etwa 100 Meter genau
d) auf etwa 30 Meter genau
e) auf etwa 2 Meter genau
f) auf etwa 0,5 Meter genau

4.2. Luftfahrtkarten

N 11:
Warum können Landkarten niemals genaue Abbilder der Erde darstellen?

a) weil die Herstellungstechnik immer Mängel aufweist
b) weil sich die Oberfläche einer Kugel nicht abwickeln läßt
c) weil die Erde nicht genau Kugelform hat
d) es können genaue Karten ohne Fehler hergestellt werden

N 12:
Nennen Sie Merkmale der Zylinder-Projektion!

a) Längengrade erscheinen als gebogene Linien
b) Breitenkreise erscheinen als gerade Parallelen
c) Breitengrade haben gleichen Abstand
d) Meridiane haben gleichen Abstand
e) Verzerrungen nehmen zu den Polen hin zu

N 13:
Welche Merkmale weist die Kegel-Projektion auf?

a) Breitengrade erscheinen zum Pol hin gedrängt
b) Breitenkreise erscheinen als gebogene Linien
c) Längengrade haben immer gleichen Abstand
d) Meridiane laufen zu den Polen hin zusammen
e) die Pole sind nicht projizierbar

N 14:
Welche Merkmale weist die gnomonische Projektion auf?

a) Breitengrade erscheinen als konzentrische Kreise
b) Meridiane verlaufen parallel
c) zur Navigation gut geeignet
d) Abbildung einer Halbkugel möglich

N 15:
Welche Vorteile weist die Kegelkarte auf?

a) ausreichend flächentreu
b) absolute Winkeltreue
c) der Kartenkurs kann an jeder beliebigen Stelle der Flugstrecke entnommen werden
d) für die Sportfliegerei gut geeignet

N 16:
Welche Eigenschaften hat die Orthodrome?

a) ihr Mittelpunkt liegt im Erdmittelpunkt
b) fällt in der Merkator-Projektion mit der Kurslinie zusammen
c) erscheint in der Kegelprojektion als gebogene Linie
d) stellt die kürzeste Verbindung zwischen zwei Punkten auf der Erde dar

N 17:
Welche Eigenschaften hat die Loxodrome?

a) fällt immer mit der Kurslinie zusammen
b) fällt nur in der Merkatorprojektion mit der Kurslinie zusammen
c) läuft in einer Spirale zu einem der Pole
d) Ein Flugzeug, das einen bestimmten Kompaßkurs fliegt, bewegt sich auf einer Loxodromen
e) schneidet alle Breitenkreise unter demselben Winkel

N 18:
Sie messen auf einer Luftfahrtkarte im Maßstab 1 : 500 000 eine Strecke von 15 cm.
Welcher Entfernung entspricht das in Wirklichkeit?

a) 150 km
b) 300 km
c) 75 km
d) 30 km
e) 40 sm

N 19:
Auf einer Karte im Maßstab 1 : 300 000 soll eine Strecke von 20 Seemeilen abgetragen werden.
Wieviel cm entspricht das? (Faustregel)

a) 15 cm
b) 12 cm
c) 6 cm
d) 10,8 cm

N 20:
Nennen Sie markante Orientierungspunkte für die terrestrische Navigation!

a) Ortschaften
b) Flüsse
c) Straßen
d) Eisenbahnlinien
e) Kreuzungen, Über- und Unterführungen
f) Türme, Kirchen, Schlösser

N 21:
Was bedeuten folgende Zeichen in der ICAO-Karte: rot gerasterte Linie – rot gestrichelte Linie – rot punktierte Linie?

a) Kontrollzone – TMA Sektor C – Luftstraße
b) TMA Sektor A – militärische Tiefflugstrecke – milit. Tieffluggebiet
c) Tieffluggebiet – Luftstraße – Gefahrengebiet
d) Einflug verboten – Mindesthöhe einhalten – Einflug auf eigene Gefahr
e) Einflug unter VFR-Bedingungen ohne weiteres erlaubt – militärische Tiefflüge möglich – keine luftrechtlichen Beschränkungen

N 22:
Was bedeuten blau gerasterte Linien – blau schraffierte Linien – blau gestrichelte Linien?

a) TMA Sektor B – Gebiet mit Flugbeschränkung – Kontrollzone
b) Gefahrengebiet – kontrollierter Luftraum – Einflug verboten
c) FIR-Gebiet – VFR-Beschränkung – große Verkehrsdichte
d) CTA – ADIZ – ATZ
e) kontrolliert ab 1700 ft GND – Einflug u. U. mit Auflagen verbunden – Einflug nur mit Flugverkehrsfreigabe

N 23:
Nach welchen markanten Elementen läßt sich der Standort exakt bestimmen?

a) Autobahnen
b) Eisenbahnlinien
c) einmalige Bauwerke
d) Waldstücke
e) Kreuzung Bahn – Fluß
f) Kreuzung Hauptstraße – Fluß

N 24:
Welche Bedeutung haben die Symbole in der ICAO-Karte:

a) Hindernis 500 m hoch – Hindernisgruppe 1800 ft hoch – Sperrgebiet – NDB
b) Hindernisse 500 ft NN – Hindernis 1800 ft GND – VFR-Beschränkung – VOR
c) Hindernis 500 m NN – Hindernisgruppe 1800 ft NN – Gefahrengebiet – VDF
d) Hindernis 500 ft GND – Hindernisgruppe 1800 ft NN – Beschränkungsgebiet – VOR

4.3. Kurse, Kursberechnungen

N 25:
Worauf ist die Ortsmißweisung (Deklination) zurückzuführen?

a) auf die Fehler der Kartenprojektion
b) auf die Abweichungen der Kompaßanzeige durch Flugzeugteile
c) auf die unterschiedliche Lage des geographischen und des magnetischen Nordpols
d) auf die Windabtrift

N 26:
Wie ist der Fehler auszugleichen, der durch die Ortsmißweisung entsteht?

a) braucht nicht berücksichtigt zu werden
b) bei Ortsmißweisung West ist der Fehlerwert zu addieren
c) bei Ortsmißweisung West ist der Fehlerwert zu subtrahieren
d) der Fehlerwert ergibt sich erst während des Fluges und wird dann berücksichtigt

N 27:
Wovon ist die Größe des Luvwinkels abhängig?

a) von der Eigengeschwindigkeit
b) von der Geschwindigkeit über Grund
c) von der Windrichtung
d) von der Windstärke
e) von der Länge der Flugstrecke

N 28:
Berechnen Sie den Luvwinkel, wenn der rechtweisende Kurs 280° und die Eigengeschwindigkeit 80 km/h ist. Der Wind komme aus Südwest mit 10 Knoten.

a) 9 Grad
b) 11 Grad
c) 5,5 Grad
d) 44 Grad

N 29:
Wie groß ist die Geschwindigkeit über Grund bei Aufgabe N 24?

a) 68 km/h
b) 73 km/h
c) 80 km/h
d) 89 km/h
e) 85 km/h

N 30:
Die Eigengeschwindigkeit betrage 95 km/h, der rwK sei 30°. Der Wind komme aus 100° mit 15 Knoten. Wie groß ist der Luvwinkel?
(+ bedeutet: ist dazuzählen;
– bedeutet: ist vom rwK abzuziehen)

a) $+ 16^o$
b) $- 16^o$
c) $+ 13^o$
d) $- 13^o$
e) $+ 8^o$
f) $- 8^o$

(alle Zahlen sind auf volle Grade gerundet.)

N 31:
Wie groß ist die Geschwindigkeit über Grund bei Aufgabe N 26?

a) 82 km/h
b) 45 Knoten
c) 88 km/h
d) 100 km/h

N 32:
Welche Werte sind im mißweisenden Windkurs bereits berücksichtigt?

a) Luvwinkel
b) Ortsmißweisung
c) Deviation
d) Windrichtung
e) Windstärke

N 33:
Berechnen Sie den Kompaßkurs aus folgenden Angaben:
rechtweisender Kurs: 192°
Luvwinkel: 11°
Wind aus Ost
Ortsmißweisung: 3° West
Deviation: $+ 5^o$

a) 211°
b) 189°
c) 183°
d) 179°
e) 173°

N 34:
Berechnen Sie den Kompaßkurs für die Flugstrecke Augsburg–Kirchdorf/Inn!
Der Wind sei 300/15, Ihre Eigengeschwindigkeit betrage 75 km/h, die Deviation sei $- 8^o$.
Verwenden Sie dazu eine ICAO-Karte im Maßstab 1:500000!

a) 85°
b) 90°
c) 93°
d) 98°
e) 100°
f) 106°

N 35:
Wieviel Zeit ($\pm$ 3 Minuten) benötigen Sie für die Flugstrecke unter den Bedingungen von Aufgabe N 30?

a) ca. 120 Minuten
b) ca. 92 Minuten
c) ca. 105 Minuten
d) ca. 180 Minuten

N 36:
Wieviel Zeit ($\pm$ 5 Minuten) benötigen Sie für die Zielrückkehrstrecke Augsburg (Mühlhausen) —Kirchdorf/Inn unter den Bedingungen von Aufgabe N 30? (Nehmen Sie auch für den Rückflug dieselben Werte an!)

a) 250 Minuten
b) 180 Minuten
c) 210 Minuten
d) 275 Minuten
e) 260 Minuten

N 37:
Berechnen Sie den Kompaßkurs für die Flugstrecke Idar—Oberstein—Marburg/Lahn!
Der Wind komme aus West mit 10 Knoten, Ihre Eigengeschwindigkeit betrage 80 km/h, die Deviation sei + 5°.
(ICAO-Karte Raum Frankfurt)

a) 30°
b) 40°
c) 38°
d) 48°
e) 28°
f) 22°

N 38:
Sie wollen das 300 km-Dreieck Augsburg/Mühlhausen—Crailsheim—Biberach/Riß—Augsburg fliegen. ($rwK_1 = 320^{o}$; $rwK_2 = 190^{o}$; $rwK_3 = 70^{o}$)
Der Wind sei Ost mit 10 Knoten, Ihre Eigengeschwindigkeit betrage 90 km/h, die Deklination sei 2° West.
Wieviel Zeit benötigen Sie, wenn die Gesamtstrecke 310 km beträgt? ($s_1 = 102$ km; $s_2 = 115$ km; $s_3 = 93$ km)

a) 214 Minuten
b) 192 Minuten
c) 220 Minuten
d) 207 Minuten
e) 199 Minuten

N 39:
Welche Kompaßkurse ($\pm 1^{o}$) sind zu fliegen, wenn Sie mit folgenden Deviationen rechnen:
$\delta_1 = +5^{o}$
$\delta_2 = +8^{o}$
$\delta_3 = -7^{o}$

a) $KK_1 = 326^{o}$ $KK_2 = 173^{o}$ $KK_3 = 83^{o}$
b) $KK_1 = 326^{o}$ $KK_2 = 169^{o}$ $KK_3 = 75^{o}$
c) $KK_1 = 326^{o}$ $KK_2 = 195^{o}$ $KK_3 = 69^{o}$

N 40:
Welche Zeit brauchen Sie für die Umrundung des Dreiecks aus Aufgabe 34, wenn der Wind aus Nordwest mit 10 Knoten kommt?

a) mehr als bei Ostwind mit 10 Knoten
b) genau so lange wie bei Ostwind mit 10 Knoten
c) weniger als bei Ostwind mit 10 Knoten

4.4. Mittleres Steigen, mittlere Reisegeschwindigkeit

N 41:
Wie groß ist das mittlere Steigen, wenn Sie in den ersten zwei Minuten nach Beginn der Zeitmessung 2 m/s steigen, danach 1 Minute mit 0 m/s kreisen und anschließend 3,5 Minuten mit 1 m/s steigen?

a) ca. 1,8 m/s
b) ca. 1,5 m/s
c) ca. 2,2 m/s
d) ca. 1,2 m/s

N 42:
Ohne Strecke zurückzulegen steigen Sie 2,5 Minuten lang mit 2,5 m/s, fallen 2 Minuten mit 0,5 m/s und steigen dann 3 Minuten mit 3 m/s. Wie groß ist das mittlere Steigen?

a) ca. 1,5 m/s
b) ca. 2,8 m/s
c) ca. 1,9 m/s
d) ca. 2,0 m/s

N 43:
Wovon hängt die mittlere Reisegeschwindigkeit im Segelflug ab?

a) vom besten Gleitwinkel des Segelflugzeugs
b) vom Gleitwinkel der gewählten Geschwindigkeit
c) vom Fluggewicht
d) von der Thermik
e) vom Wind

N 44:
Sie fliegen mit einer Gleitzahl von 1 : 30 bei 108 km/h. Wie groß ist Ihre mittlere Reisegeschwindigkeit bei einem mittleren Steigen von 1 m/s – 2 m/s – 3 m/s? (Windeinfluß wird nicht berücksichtigt)

a) 108 km/h – 108 km/h – 108 km/h
b) 15 m/s – 20 m/s – 22,5 m/s
c) 54 km/h – 72 km/h – 81 km/h
d) 12,5 m/s – 25 m/s – 37,5 m/s
e) 45 km/h – 90 km/h – 135 km/h

N 45:
Wieviel Zeit brauchen Sie bei einem mittleren Steigen von 2 m/s und mit einer Gleitzahl von 1 : 25 bei 120 km/h, wenn Sie bei 2000 m NN abfliegen und Ihr 100 km entferntes Ziel in 1000 m NN erreichen wollen?

a) 50 Minuten
b) 62,5 Minuten
c) 75 Minuten
d) 87,5 Minuten

4.5. Zielanflug (Endanflug)

N 46:
Woher bekommen Sie die zur jeweiligen Geschwindigkeit gehörende Gleitzahl Ihres Segelflugzeugs?

a) aus der Geschwindigkeitspolare
b) aus dem Lilienthalschen Polardiagramm
c) wird aus dem mittleren Steigen und der Flugstrecke ermittelt
d) aus der McCready-Ring-Einstellung
e) läßt sich aus Sinkgeschwindigkeit und zugehöriger Gleitfluggeschwindigkeit ermitteln

N 47:
Ihr Segelflugzeug hat laut Polare bei 90 km/h eine Sinkrate von 1 m/s. Welche Gleitzahl haben Sie (über Grund) bei Windstille – 30 km/h Gegenwind – 30 km/h Rückenwind?

a) 1 : 25 – 1 : 25 – 1 : 25
b) 1 : 25 – 1 : 33 – 1 : 17
c) 1 : 25 – 1 : 17 – 1 : 33
d) 1 : 30 – 1 : 25 – 1 : 35
e) 1 : 25 – 1 : 20 – 1 : 30

N 48:
Ihr Flugzeug habe u. a. folgende Gleitzahlen: 1 : 35 bei 90 km/h; 1 : 30 bei 110 km/h; 1 : 22 bei 150 km/h; 1 : 15 bei 180 km/h. Sie wollen aus 15 km Entfernung einen Zielanflug ansetzen. Welche Höhe müssen Sie abfliegen, um in 6 Minuten am Ziel zu sein?

a) ca. 430 m
b) ca. 500 m
c) ca. 680 m
d) ca. 1000 m
e) ca. 1470 m

N 49:
Die Wolkenbasis sei in 2500 m NN. Ihre beste Gleitzahl liege mit 1 : 30 bei 90 km/h. Mit Thermik sei nicht zu rechnen. Vor Ihnen liege eine Kontrollzone mit 10 nm Durchmesser und einer Obergrenze von 5000 ft MSL.
– Mit welcher Höhe beginnen Sie den Überflug, um ihn mit mit 100 m Höhenreserve zu beenden? (Windstille vorausgesetzt)
– Welche Gleitzahl können Sie sich maximal erlauben, wenn Sie sämtliche Reserven ausschöpfen?

a) ca. 2500 m NN – ca. 1 : 18
b) ca. 2200 m NN – ca. 1 : 26
c) ca. 2100 m NN – ca. 1 : 30
d) ca. 2100 m NN – ca. 1 : 26
e) ca. 2200 m NN – ca. 1 : 30
f) Überflug ist wegen zu niedriger Basis nicht möglich

4.6. Streckenflug

Für die nachfolgenden Aufgaben N 50 bis N 60 seien folgende Bedingungen zugrunde gelegt:
Wind aus 270° mit 15 Knoten – mittleres Steigen 2 m/s – polare Gleitzahl 1 : 30 bei 90 km/h – Basis 2000 m NN Deviation –4° – Ortsmißweisung 3° West.

N 50:
Sie wollen von Augsburg nach Friedrichshafen fliegen. Ermitteln Sie mwK – mittlere Reisegeschwindigkeit – Geschwindigkeit über Grund!

a) 230° – 90 km/h – 70 km/h
b) 234° – 63 km/h – 40 km/h
c) 234° – 63 km/h – 86 km/h
d) 230° – 75 km/h – 55 km/h

N 51:
Ermitteln Sie zu Aufgabe N 50 den Kompaßkurs (KK) und die Flugzeit!

a) 253° – 203 Minuten
b) 249° – 90 Minuten
c) 223° – 168 Minuten
d) 219° – 182 Minuten

N 52:
Ermitteln Sie zu N 50/51 die Gleitzahl und den „Höhenverbrauch" auf der Strecke!

a) 1 : 20 – ca. 6800 m
b) 1 : 15 – ca. 9000 m
c) 1 : 13 – ca. 10400 m
d) 1 : 12 – ca. 10900 m

N 53:
(ICAO-Karte Hannover)
Sie planen einen Zielflug von Oerlinghausen nach Hodenhagen. In 1000 m GND bewegen Sie sich auf direktem Kurs

a) immer im unkontrollierten Luftraum
b) im unkontrollierten Luftraum abgesehen vom VFR-Beschränkungsgebiet
c) außerhalb der Kontrollzonen und dem VFR-Beschränkungsgebiet im unkontrollierten Luftraum
d) immer im kontrollierten Luftraum

N 54:
Welche Lufträume durchqueren Sie bei N 53 in 2000 ft GND?

a) nur kontrollierte
b) nur unkontrollierte
c) bis auf die Kontrollzonen nur unkontrollierte
d) kontrollierte und unkontrollierte

N 55:
Welche Lufträume liegen laut Karte auf Ihrem Kurs bei N 53?

a) TMA Sektor A
b) TMA Sektor B
c) TMA Sektor C
d) CTA
e) CTR
f) VFR-Restriction Area

N 56:
Ermitteln Sie zu N 53 Luvwinkel und Kompaßkurs!

a) -21° – 21°
b) -12° – 30°
c) $+21^{\circ}$ – 53°
d) -21° – 53°

N 57:
Bestimmen Sie zu N 53 die Geschwindigkeit über Grund und die Flugzeit!

a) 69 km/h – 99 Minuten
b) 72 km/h – 94 Minuten
c) 74 km/h – 91 Minuten
d) 82 km/h – 82 Minuten

N 58:
Sie sind beim Kreisen nach 20 Minuten um 8 km nach SE versetzt worden.
Welchen Wind nehmen Sie zu Ihrer weiteren Navigation an?

a) NE / 24 kt
b) NW / 24 kt
c) SW / 24 km/h
d) 315° / 24 km/h
e) NW / 13 kt
f) SE / 24 km/h

N 59:
Sie fliegen mit einem Kompaßkurs von 30°. Nach einer Strecke von 30 km stellen Sie eine Querablage von 6 km nach rechts fest. Wie groß sind Abtriftwinkel – Kursverbesserung – neuer Kurs, wenn Sie noch 50 km zu fliegen haben?

a) 12° – 19° – 11°
b) 12° – 19° – 49°
c) 5° – 12° – 42°
d) 5° – 12° – 18°
e) 7° – 19° – 11°

N 60:
Für den Endanflug auf Hodenhagen rechnen Sie mit einer Gleitzahl von 1 : 32 bei 110 km/h über Grund. Die Platzhöhe von Hodenhagen sei mit 80 ft NN zu vernachlässigen!
– Aus welcher Höhe können Sie maximal Ihren Anflug beginnen? (Flugbedingungen siehe 4.6.)
– Von welcher Entfernung aus setzen Sie dabei an, um mit 200 m NN über Hodenhagen anzukommen?
– Welche Zeit benötigen Sie dazu?

a) 1700 m NN – ca. 48 km – 26 Minuten
b) 1000 ft GND – ca. 10 km – 5,5 Minuten
c) 2500 ft GND – ca. 24 km – 13 Minuten
d) 1700 ft GND – ca. 15 km – 8 Minuten

4.7. Funkhilfen

N 61:
Welche Aussagen über QDM sind richtig?

a) Fremdpeilung
b) Eigenpeilung
c) VOR-Station notwendig
d) VDF-Gerät notwendig
e) Kurs auf Peiler zu
f) Kurs vom Peiler weg
g) auch für den Segelflug brauchbar

N 62:
ICAO Karte München:
Sie haben die Orientierung verloren und erhalten das QTE von Augsburg mit 218 und von Neubiberg mit 268 geben.
Wo ist Ihre Position?

a) nordöstlich Augsburg
b) südwestlich Augsburg
c) östlich Neubiberg
d) westlich Neubiberg
e) über Mindelheim
f) westlich CTR München

N 63:
Sie vermuten Ihren Standort über der Stadt Heidenheim. Welche QDM-Werte müßten Sie von Augsburg – Stuttgart – Leipheim bekommen?

a) 117 – 094 – 353
b) 307 – 274 – 353
c) 117 – 274 – 353
d) 307 – 94 – 170
e) 117 – 274 – 170

N 64:
ICAO-Karte Frankfurt.
Ihr Ziel ist Haßfurt. Sie vermuten Ihren Standort südlich von Haßfurt, erhalten aber von Burg Feuerstein ein QDM von 130 und von Coburg/Brandenst. ein QTE von 225. Was ist richtig?

a) Sie befinden sich südlich Schweinfurt
b) Sie setzen Ihren nördlichen Kurs fort
c) Ihr Kurs führt in die ADIZ
d) Sie gehen sofort auf Südkurs
e) Sie befinden sich östlich von Haßfurt und nehmen daher Westkurs ein
f) Bei einer Geschwindigkeit von 120 km/h überfliegen Sie in 10 Minuten die Grenze zur DDR, wenn Sie Ihren Kurs nicht ändern.

N 65:
ICAO-Karte Hannover:
Sie erhalten von Oerlinghausen das QTE 210 und von Kassel das QDM 113. Wie hoch dürfen Sie an dieser Stelle fliegen bei wolkenlosem Himmel und 8 km Sicht – bei 1500 m Basis GND – bei 500 m Basis GND

a) 6000 m NN – 1200 ft GND – 500 m GND
b) unbegrenzt – 1200 m GND – 500 m GND
c) 20000 ft NN – 1200 m GND – 1700 ft GND
d) Fl 245 – 1200 m GND – 200 m GND
e) Fl 200 – 4000 ft GND – 500 m GND

N 1: Unsere Erde ist von nahezu kugelförmiger Gestalt mit einem Durchmesser von ca. 13000 km und einem Umfang von 40000 km.
Sie dreht sich in 24 Stunden einmal um ihre eigene Achse. Die Schnittpunkte der Achse mit der Erdoberfläche werden als Pole bezeichnet.
Die Erdachse ist gegenüber der Sonnenumlaufbahn um ca. 23° geneigt. Dadurch werden die Jahreszeiten hervorgerufen.

N 2: Der Äquator teilt die Erde in eine Nord- und eine Südhalbkugel.
Die Breitenkreise verlaufen parallel zur Äquatorebene. Sie werden nach dem Winkel benannt, den ihre Verbindungslinie mit dem Erdmittelpunkt zur Äquatorebene bildet.

N 3: Die Bundesrepublik liegt auf der Nordhalbkugel in gemäßigten Breiten.

N 4: Ein Erdumfang von 40000 km entspricht 360 Breitengraden.

N 5: Grade werden unterteilt in Minuten und Sekunden.
(1 Grad = 60 Minuten, 1 Minute = 60 Sekunden)
1 Seemeile entspricht dem 60. Teil eines Breitengrads.

N 6: 1 Breitengrad ist 1/360 des Erdumfangs.
1 Breitenminute ist 1/60 eines Breitengrades.
1 Breitensekunde ist 1/60 einer Breitenminute.

N 7: Alle Meridiane sind halbe Großkreise, d.h. sie haben ihren gemeinsamen Mittelpunkt im Erdmittelpunkt. Als Ausgangslinie wird der Halbkreis verwendet, der durch die Sternwarte von Greenwich/England verläuft. Alle Längengrade werden von Greenwich aus nach Osten bzw. nach Westen gezählt.

N 8: Die Bundesrepublik Deutschland liegt in ihrer Gesamtheit östlich von Greenwich.

N 9: Durch die Längenangabe ist der Abstand vom „Greenwich-Längengrad" gegeben. Durch die Breitenangabe ist der Abstand zum Äquator bestimmt.

N 10: Die feinste Unterteilung ist die Sekunde (").
Sie ist der 360. Teil eines Grads.

N 11: Sphärisch gewölbte Flächen lassen sich nicht in einer Ebene ausbreiten.
Als Abbildungsverfahren wählt man deshalb die sog. Projektion, bei dem jedem Ursprungspunkt durch einen Strahl mit festem Endpunkt ein Bildpunkt zugeordnet wird.

N 12: Bei der Zylinder- oder Merkator-Projektion denkt man sich über den Globus einen Zylinder gestülpt, der die Äquatorlinie berührt.
Vom Erdmittelpunkt aus wird projiziert.

N 13: Bei der Kegel- oder Lambert-Projektion wird ein Kegel über den Globus gestülpt, dessen Mantel den Globus dort berührt, wo Wert auf möglichst genaue Abbildung gelegt wird.
Die Kegelspitze liegt über einem der Pole. Die Projektion erfolgt vom Erdmittelpunkt aus.

N 14: Bei der gnomonischen Projektion (Zentralprojektion) wird eine Ebene an einen Globuspunkt (meist an einen Pol) gelegt und vom Mittelpunkt aus projiziert.
Verwendung bei Wetterkarten.

N 15: Kegelkarten sind relativ streckentreu.
Kurse lassen sich aus der Karte sehr genau in der Mitte der Kurslinie entnehmen.

N 16: Die Orthodrome ist ein Großkreis.
Sie erscheint auf allen Karten als gebogene Linie. Nur die Meridiane, die ebenfalls Großkreise sind und der Äquator erscheinen in der Zylinderprojektion als gerade Linien.

N 17: Eine Loxodrome bildet mit den Meridianen immer denselben Winkel. Dies ist auch bei der Kurslinie in der Zylinderprojektion der Fall.

N 18: Bei einem Maßstab von 1:500000 entspricht 1 cm auf der Karte 500000 cm oder 5 km in Wirklichkeit. Zur Umrechnung in sm wendet man die Faustregel „geteilt durch 2 plus 10%" an.

N 19: Bei einem Maßstab von 1:300000 wird eine Strecke von 3 km in Wirklichkeit durch 1 cm auf der Karte dargestellt. Zur Umrechnung von Seemeilen in Kilometer wenden Sie die Faustregel ,,mal 2 minus 10%" an.

N 20: Flüsse, Straßen, Eisenbahnlinien usw. sind keine Orientierungspunkte. Vielmehr dienen sie bei der terrestrischen Navigation als Leit- oder Auffanglinien.

N 21: Gerasterte Linien geben die Grenzen der TMA Sektoren A und B an.

N 22: Schraffierte Linien deuten Gebiete mit Flugbeschränkungen an. Die jeweils gültigen Symbole finden sich auf der Rückseite der ICAO-Karten.

N 23: Die Lage eines Punktes läßt sich immer als Schnittpunkt zweier Linien exakt angeben.

N 24: Siehe N 22.
In Klammern gesetzte Zahlen geben Höhen über Grund an.

N 25: Das Magnetfeld der Erde ist polarisiert. Allerdings fallen die geographischen Pole nicht mit den magnetischen zusammen.
Eine Kompaßnadel richtet sich immer nach magnetisch Nord aus, sofern keine anderen Einflüsse sie daran hindern.

N 26: Der Fehler, der durch die Ortsmißweisung bedingt ist, kann je nach Standort auf der Erde bis zu 180° erreichen.
Der Zusatz „West" bedeutet, daß bei einer Kompaßanzeige von 360° (genau Nord) eine Fehlanzeige in westlicher Richtung berücksichtigt werden muß.

N 27: Je langsamer ein Flugzeug ist, um so mehr unterliegt es dem Windeinfluß. Bei genau Gegenwind oder Rückenwind ist der Luvwinkel null.

N 28: Rechnen Sie zuerst alle Geschwindigkeiten in eine gemeinsame Einheit um (z.B. km/h).
Zeichnen Sie eine Nordlinie und tragen Sie daran den rwK mit 280° ab!
Tragen Sie im entstandenen Schnittpunkt die Windrichtung ein.
In einer Stunde treibt Sie der Wind um 18 km in Windrichtung ab. Tragen Sie diesen Punkt maßstäblich ein (z.B. 1 km ≙ 1 mm)!
Schlagen Sie von diesem Punkt (Windstillepunkt) einen Kreisbogen mit 80 mm (1 km ≙ 1 mm) auf die rwK-Linie!
Dieser neue Schnittpunkt ist der Scheitelpunkt des Luvwinkels.

N 29: Da wir alle Bewegungen für eine Stunde in Aufgabe N 24 maßstäblich gezeichnet haben, ist die auf der rwK-Linie entstandene Strecke ein Maß für die Geschwindigkeit über Grund.

N 30: Gehen Sie vor wie bei Aufgabe N 24!
Achten Sie auf gleiche Geschwindigkeitseinheiten und gleichen Maßstab für alle Eintragungen.
Der Wind kommt auf Ihrem Kurs von rechts und will Sie nach links abtreiben!

N 31: Die Geschwindigkeit über Grund ist geringer als die Eigengeschwindigkeit, da der Wind eine Gegenwindkomponente enthält.
Siehe auch N 25!

N 32: Alle Kurse sind Winkelangaben.
Beispiele:

rwK	=	Winkel zwischen geographisch Nord und Kurslinie
mwK	=	Winkel zwischen magnetisch Nord und Kurslinie
mwWK	=	Winkel zwischen magnetisch Nord und Längsachse
l	=	Winkel zwischen Kurslinie und Längsachse des Flugzeugs

N 33: Gehen Sie nach folgendem Schema vor:

rwK	(rechtweisender Kurs)
+ oder − l	(Luvwinkel)
rwWK	(rechtweisender Windkurs)
− OM	(Ortsmißweisung)
mwWK	(mißweisender Windkurs)
− δ	(Deviation)
KK	(Kompaßkurs)

Die Ortsmißweisung ist in der BRD negativ und muß daher im Schema das Vorzeichen + erhalten.

N 34: Der aus der ICAO-Karte entnommene Kurs beträgt 98°.
Nach Zeichnung des Winddreiecks sollten Sie einen Luvwinkel von ca. 8° messen.

N 35: Aus dem Winddreieck läßt sich die Geschwindigkeit über Grund mit ca. 100 km/h entnehmen (siehe Aufgabe N 25!).
Sie erhalten die Flugzeit, indem Sie die Strecke durch die Geschwindigkeit dividieren.
Achten Sie auf die Einheiten, mit denen Sie rechnen?

N 36: Die Flugzeit für den Hinflug haben Sie in Aufgabe N 31 berechnet. Für den Rückflug können Sie ein neues Winddreieck zeichnen. Sie dürfen aber auch den Geschwindigkeitsunterschied zwischen Eigengeschwindigkeit und Geschwindigkeit über Grund verwenden.
Berechnen Sie die Zeit für den Rückflug wieder aus Flugstrecke und Geschwindigkeit über Grund und addieren Sie sie zur Hinflugzeit!
(Warum dürfen Sie aus Hin- und Rückfluggeschwindigkeit keine Durchschnittsgeschwindigkeit bilden?)

N 37: Sie entnehmen aus der Karte einen Kurs von 40°.
Zeichnen Sie das Winddreieck und stellen Sie den Luvwinkel fest!
Berechnen Sie den Kompaßkurs nach dem Schema der Aufgabe N 29!
Verwenden Sie OM = -3°!

N 38: Zeichnen Sie für jede Teilstrecke das Winddreieck und entnehmen Sie daraus die Geschwindigkeiten über Grund! Berechnen Sie die Flugzeiten für die Teilstrecken und addieren Sie sie!

N 39: Entnehmen Sie aus den Winddreiecken von Aufgabe N 34 die Luvwinkel und berechnen Sie nach dem Kursschema von N 29 die drei Kompaßkurse!
Wind von rechts: Luvwinkel +
von links: Luvwinkel –

N 40: Die Flugzeit hängt nicht von der Windrichtung ab, sofern Sie wieder zu Ihrem Ausgangspunkt zurückkehren, sondern nur von Eigengeschwindigkeit und Windstärke.

N 41: Das mittlere Steigen ist eine Geschwindigkeitsangabe (vertikale Geschwindigkeit).

$$\text{Geschwindigkeit (Durchschnittsgeschwindigkeit)} = \frac{\text{Weg (Gesamtweg)}}{\text{Zeit (Gesamtzeit)}}.$$

N 42: Beim mittleren Steigen wird die Zeit zugrunde gelegt, in der keine Strecke zurückgelegt wird.

N 43: Die mittlere Reisegeschwindigkeit ist noch nicht die Geschwindigkeit über Grund.
Die optimale Reisegeschwindigkeit hängt vom mittleren Steigen ab. Je größer das mittlere Steigen, desto höher kann die Geschwindigkeit sein, weil dann der Höhenverlust auch in kürzerer Zeit wieder gutgemacht werden kann.

N 44: Die mittlere Reisegeschwindigkeit setzt sich zusammen aus Weg und Zeit.
Die Zeit setzt sich zusammen aus Steigzeit und Gleitzeit.

N 45: Sie können 1000 m Höhe in Gleitflug umsetzen. Das ergibt für 25 km Strecke eine reine Gleitflugzeit von 12,5 Minuten.
Die ersten 75 km dagegen fliegen Sie mit Ihrer mittleren Reisegeschwindigkeit, die sich aus Steigflug und Gleitflug mit den angegebenen Werten ergibt.

N 46: Die Gleitzahl läßt sich aus Vertikalgeschwindigkeit und Horizontalgeschwindigkeit berechnen.

N 47: Ihre Horizontalgeschwindigkeit verringert bzw. vergrößert sich um die Gegen- bzw. Rückenwindkomponente.
Die Gleitzahlen beziehen sich auf die Bewegung über Grund.

N 48: Aus Entfernung und Zeit läßt sich die erforderliche Geschwindigkeit errechnen.
Zu dieser Geschwindigkeit gehört eine bestimmte Gleitzahl.

N 49: 1 nm = 1,852 km
Die Wolkenabstände sind zu berücksichtigen.

N 50: Bei OM = 3°W zeigt der Kompaß z. B. statt 360° nur 357°.
Die mittlere Reisegeschwindigkeit ist als Eigengeschwindigkeit zu verwenden.

N 51: Im Kompaßkurs sind Luvwinkel, Ortsmißweisung und Deviation berücksichtigt.

N 52: Die Gleitzahl bezieht sich auf die Bewegung über Grund.
Der „Höhenverbrauch" ist von der Gleitzahl abhängig sowie von der Länge der Strecke.

N 53: Die Nahverkehrsbereiche sind in verschiedene Sektoren mit unterschiedlichen Untergrenzen aufgeteilt.

N 54: Kontrollierte Lufträume sind CTR, TMA, CTA.

N 55: Die Symbole für die einzelnen Lufträume sind auf der Rückseite der ICAO-Karte erklärt.

N 56: Die Bedingungen seien dieselben wie bei den Aufgaben N 50 bis N 53.
Wind von links . . . . Luvwinkel minus.

N 57: Die Geschwindigkeit über Grund hängt von der Eigengeschwindigkeit und dem Wind ab.

N 58: Windrichtung ist die Richtung, aus der der Wind kommt.

N 59: Wenden Sie die 1 : 60 Regel an:

$$\text{Winkelgröße in Grad} = 60 \text{ mal } \frac{\text{Querablage in km(nm)}}{\text{Strecke in km(nm)}}$$

Als „Strecke" ist die zurückgelegte bzw. die noch zurückzulegende Strecke einzusetzen.
Die Kursverbesserung setzt sich aus Korrektur des Abtriftwinkels und zusätzlicher Korrektur in Richtung Ziel zusammen!

N 60: Sie dürfen bis maximal 300 m unter die Basis steigen.
Die Entfernung ergibt sich aus abfliegbarer Höhe und Gleitzahl.

$$\text{Zeit} = \frac{\text{Strecke}}{\text{Geschwindigkeit}}$$

N 61: Vom VDF (VHF direction finder) wird der Sender Ihres Funkgeräts angepeilt.

N 62 bis N 65:

QDM = mißweisende Richtung vom Luftfahrzeug zum Peiler
QTE = rechtweisende Richtung vom Peiler zum Luftfahrzeug

Lösungen Navigation

N 1:	a, d	N 2:	b, c	N 3:	b
N 4:	b, d	N 5:	b, d	N 6:	b
N 7:	a, c, e	N 8:	c	N 9:	c, e
N 10:	d	N 11:	b	N 12:	b, d, e
N 13:	b, d	N 14:	a, d	N 15:	a, d
N 16:	a, c, d	N 17:	b, c, d, e	N 18:	c
N 19:	b	N 20:	a, e, f	N 21:	b, e
N 22:	a, e	N 23:	c, e, f	N 24:	d
N 25:	c	N 26:	b	N 27:	a, c, d
N 28:	b	N 29:	a	N 30:	a
N 31:	a	N 32:	a, b, d, e	N 33:	d
N 34:	e	N 35:	b	N 36:	d
N 37:	e	N 38:	a	N 39:	a
N 40:	b	N 41:	d	N 42:	c
N 43:	b, d	N 44:	b, c	N 45:	c
N 46:	a, e	N 47:	c	N 48:	c
N 49:	b	N 50:	b	N 51:	a
N 52:	c	N 53:	d	N 54:	d
N 55:	a, b, c, d, e, f	N 56:	a	N 57:	b
N 58:	d, e	N 59:	a	N 60:	a
N 61:	a, d, e, g	N 62:	b, d, e	N 63:	e
N 64:	c, d, f	N 65:	e		

5. Luftrecht

5.1. Luftfahrtorganisation, Luftfahrtbehörden

L 1:
Welche Behörden unterstehen dem Bundesminister für Verkehr?

a) die Regierungen der Länder
b) das Luftfahrtbundesamt
c) die Bundesanstalt für Flugsicherung
d) der Deutsche Wetterdienst
e) die ICAO

L 2:
Welche Aufgaben haben die Regierungen der deutschen Bundesländer u.a. übernommen?

a) Zulassung von Segelflugzeugen
b) Ausstellung von Luftfahrerscheinen für Sportflieger
c) Erlaubnis für Luftbildaufnahmen
d) Ausübung der Luftaufsicht
e) Zulassung von Segelfluggeländen

L 3:
Welche Tätigkeiten fallen **nicht** in den Aufgabenbereich des Luftfahrtbundesamtes?

a) Musterzulassung von Luftfahrtgerät
b) Verkehrszulassung von Luftfahrtgerät
c) Untersuchung von Unfällen und Störungen
d) Ausbildung von Luftfahrtpersonal
e) Überwachung des kontrollierten Luftraums
f) Ausübung der Luftaufsicht

L 4:
An wen ist eine Störungsmeldung nach einem Unfall abzugeben?

a) Halter des Flugzeugs
b) Eigentümer des betreffenden Grundstücks
c) Bundesanstalt für Flugsicherung
d) Bundesregierung
e) Luftfahrtbundesamt

L 5:
Wer kann die Erlaubnis für einen Wiederstart nach einer Notlandung auf freiem Gelände erteilen?

a) keine Erlaubnis notwendig
b) Eigentümer des Grundstücks
c) Luftfahrtbundesamt
d) Bundesanstalt für Flugsicherung
e) zuständige Landesbehörde

L 6:
Wer erteilt Fluginformationen über einen geplanten Flugweg?

a) Luftfahrtbundesamt
b) Außenstellen der Bundesanstalt für Flugsicherung
c) zuständige Landesbehörde
d) Flugleiter

L 7:
Welche Papiere werden vom Luftfahrtbundesamt ausgestellt?

a) Versicherungsnachweis
b) Lufttüchtigkeitszeugnis
c) Eintragungsschein
d) Luftfahrerschein
e) Funksprechzeugnis
f) Bordbuch

L 8:
Nennen Sie Flugsicherungsleitstellen der Bundesanstalt für Flugsicherung!

a) Bremen
b) Düsseldorf
c) Hamburg
d) Hannover
e) Frankfurt
f) München
g) Stuttgart
h) Nürnberg
i) Köln

L 9:
Welche Aufgaben und Ziele hat die ICAO?

a) Abnahme von Prüfungen für Luftfahrer
b) Zulassung von Luftfahrtgerät
c) Vereinheitlichung des Luftfahrtwesens
d) Festsetzen von Mindestanforderungen
e) Förderung der Zusammenarbeit zwischen den angeschlossenen Staaten auf dem Gebiet der Luftfahrt

6.2. Gesetze und Verordnungen

L 10:
Wodurch wird der Rahmen für alle Vorschriften abgesteckt, die in der Luftfahrt erlassen werden können?

a) Luftverkehrsordnung
b) Luftverkehrsgesetz
c) Luftverkehrszulassungsordnung
d) Luftfahrthandbuch

L 11:
Was hat die Luftverkehrsordnung (LuftVO) zum Inhalt?

a) Luftverkehrsregeln
b) Verhalten der Teilnehmer am Luftverkehr
c) Prüfungsbestimmungen
d) Zulassungsbedingungen
e) Strafrechtsbestimmungen

L 12:
Welche Vorschriften enthalten Bestimmungen über die Anforderungen, die an Luftfahrer gestellt werden?

a) LuftVG
b) LuftVO
c) LuftPersPO (ab Mitte 1975 LuftPersVO)
d) LuftGerPO
e) AIP
f) LuftVZO

L 13:
Unterscheiden Sie Musterzulassung und Verkehrszulassung!

a) Musterzulassung wird vom Hersteller beantragt
b) Musterzulassung wird vom Eigentümer beantragt
c) Verkehrszulassung wird beim LBA beantragt
d) Verkehrszulassung wird bei der BFS beantragt
e) Segelflugzeuge bedürfen keiner Musterzulassung, jedoch der Verkehrszulassung

L 14:
Welche Voraussetzungen sind für den Erwerb eines Luftfahrerscheins für Segelflugzeugführer erforderlich?

a) Mindestalter 14 Jahre
b) Mindestalter 17 Jahre
c) Mindestflugstundenzahl
d) Mindeststartzahl
e) theoretische und praktische Einweisung in Gefahrenzustände

L 15:
Wozu berechtigt der Luftfahrerschein für Segelflugzeugführer Klasse I?

a) Fliegen ohne Fluglehrer
b) Fliegen ohne Flugleiter
c) Berechtigung für sämtliche Segelflugzeugmuster
d) Mitnahme von Personen, solange keine gewerblichen Zwecke verfolgt werden
e) Berechtigung für Überlandflüge

L 16:
Dürfen Sie mit einer ruhenden Erlaubnis ein Segelflugzeug führen?

a) ja, unter Aufsicht eines Flugleiters
b) ja, unter Aufsicht eines Fluglehrers
c) ja, ohne Aufsicht, jedoch nur ohne Passagiere
d) nur in Begleitung eines Fluglehrers
e) nur in Begleitung eines Piloten mit gültigem Luftfahrerschein

L 17:
Unterscheiden Sie Erweiterung, Verlängerung und Erneuerung einer Erlaubnis für Segelflugzeugführer!

a) zur Erweiterung ist ein ärztliches Zeugnis vorzulegen
b) alle 24 Monate ist die Verlängerung der Erlaubnis zu beantragen
c) für die Erneuerung sind dieselben Bedingungen zu erfüllen wie für die Verlängerung
d) die Erlaubnis für Segelflugzeugführer kann erweitert werden zum Führen von Motorflugzeugen
e) die Erneuerung einer Erlaubnis kann von einer Prüfung durch einen Sachverständigen der Erlaubnisbehörde abhängig gemacht werden

L 18:
Wer haftet nach einem Unfall für Schäden, die dritten Personen entstanden sind?

a) die Versicherung
b) der Eigentümer des Luftfahrzeugs
c) der Halter des Luftfahrzeugs
d) der Führer des Flugzeugs
e) das Luftfahrtbundesamt

5.3. Flugsicherungsbestimmungen, Luftverkehrsregeln

L 19:
Welche Lufträume zählen zu den kontrollierten Lufträumen?

a) Luftraum über 900 m GND
b) FIR
c) CTR
d) TMA
e) CTA

L 20:
In welchen Lufträumen darf ohne zusätzliche Genehmigung geflogen werden, wenn Sichtflugbedingungen herrschen?

a) Kontrollzone
b) FlugÜZ (ADIZ)
c) VFR-Beschränkungsgebiete
d) Gefahrengebiete
e) Kontrollbezirke

L 21:
Welche Untergrenzen haben Nahverkehrsbereiche des Typs B?

a) 1000 m GND
b) 1000 ft GND
c) 1700 ft GND
d) 1700 m NN
e) 2500 ft GND
f) 2500 ft NN

L 22:
Unter welchen Bedingungen dürfen Sie in eine Kontrollzone einfliegen?

a) Ausrüstung mit Funksprechgerät
b) Genehmigung des Luftfahrtbundesamts
c) Flugplanabgabe
d) Flugverkehrsfreigabe durch den Tower
e) Sichtflugbedingungen
f) keine Bedingungen, nur erhöhte Vorsicht

L 23:
Welche Sichtflugbedingungen gelten für kontrollierte Lufträume?

a) Flugsicht über 900 m GND mindestens 8 km
b) Flugsicht grundsätzlich 8 km
c) Wolkenabstand horizontal mind. 600 m
d) Wolkenabstand vertikal mind. 300 m
e) Flüge über den Wolken sind verboten
f) Wolkenabstand horizontal mind. 1,5 km

L 24:
Nennen Sie Sichtflugbedingungen für unkontrollierte Lufträume!

a) Flugsicht bis 900 m GND mind. 1,5 km
b) Flugsicht grundsätzlich mind. 1,5 km
c) Wolkenabstände grundsätzlich nicht vorgeschrieben
d) Wolkenabstände über 900 m GND wie im kontrollierten Luftraum
e) Navigation nach Bodensicht muß immer möglich sein

L 25:
Welche Bedingungen gelten für den Einflug in die ADIZ (FlugÜZ) für Segelflugzeuge?

a) keine, nur erhöhte Aufmerksamkeit
b) Flugplanabgabe notwendig
c) Streckenflugausweis notwendig
d) Mindestabstand zur Staatsgrenze 9 km
e) kein Mindestabstand zur Staatsgrenze vorgeschrieben

L 26:
Welchen Formalitäten müssen Sie sich unterziehen, wenn Sie mit dem Segelflugzeug ins Ausland fliegen?

a) Flugplanabgabe
b) Ausfüllen und Mitführen des Streckenflugausweises
c) Meldung bei der nächsten Polizeidienststelle nach der Landung
d) Landemeldung an den Flugleiter des Heimatflugplatzes
e) Zollabfertigung nach der Landung notwendig

L 27:
Welche Sicherheitsmindesthöhen müssen im Sichtflug eingehalten werden?

a) 150 m über freiem Gelände
b) 300 m über freiem Gelände oder Wasser
c) 300 m über besiedeltem Gebiet
d) 150 m über besiedeltem Gebiet
e) 300 m über Großstädten
f) 600 m über Großstädten
g) Segelflugzeuge dürfen als einzige Ausnahme alle Mindesthöhen unterschreiten

L 28:
Welche Ausweichregeln für Luftfahrzeuge sind richtig?

a) Segelflugzeuge brauchen nicht auszuweichen
b) wer von rechts kommt hat Vorrecht
c) links überholen
d) rechts überholen
e) startende Flugzeuge haben das Vorrecht
f) schnellere Luftfahrzeuge haben langsameren auszuweichen

L 29:
Was bedeutet das ausgelegte Lande-T?

a) Aufsetzen rechts neben dem Signal
b) Aufsetzen links neben dem Signal
c) nicht vor dem Signal aufsetzen
d) Landerichtung beliebig
e) Landerichtung in Richtung des Längsbalkens auf den Querbalken zu

L 30:
Unter welchen Umständen brauchen Sie **keine** Störungsmeldung abzugeben?

a) wenn kein Personenschaden eingetreten ist
b) wenn der Schaden am Flugzeug dessen Lufttüchtigkeit nicht beeinträchtigt
c) wenn kein Drittschaden von mehr als 100 DM entstanden ist
d) bei gesundheitlichen Störungen eines Besatzungsmitglieds
e) gefährliche Begegnungen zwischen Luftfahrzeugen

L 31:
Bis zu welcher Höhe können Ordnungswidrigkeiten bestraft werden?

a) 1000 DM
b) 5000 DM
c) 10000 DM
d) 100000 DM
e) Gefängnis bis zu 2 Jahren

L 32:
Welche Verstöße werden als Straftaten geahndet?

a) Verstöße gegen die LuftVO
b) Führen eines Luftfahrzeugs ohne Verkehrszulassung
c) Flugausbildung ohne Erlaubnis
d) Starten und Landen außerhalb von Flugplätzen
e) Mißachtung von Gebieten mit Flugbeschränkung

5.4. Veröffentlichungen

L 33:
Wer hat ein Luftfahrthandbuch zu besitzen und auszulegen?

a) Luftfahrerscheininhaber für Motorflugzeuge
b) Halter von Luftfahrzeugen
c) Halter von Flugplätzen
d) Haltergemeinschaften von Luftfahrzeugen

L 34:
Welcher Abschnitt des AIP behandelt die Luftverkehrsregeln?

a) nicht im AIP enthalten
b) GEN-Teil
c) AGA-Teil
d) COM-Teil
e) RAC-Teil
f) SAR-Teil

L 35:
Was sind NOTAMs?

a) Nachrichten für Luftfahrer in deutscher Sprache
b) rasch zu verbreitende Anordnungen, Informationen usw. für den internationalen Luftverkehr
c) Berichtigungsblätter zum AIP
d) Zusammenfassung der gesetzlichen Bestimmungen für die Luftfahrt

L 36:
Über welche gesetzlichen Bestimmungen hat auch der Segelflieger gründlich informiert zu sein, und ist verpflichtet, sich auf dem neuesten Stand zu halten?

a) keine
b) die in der Ausbildung gebotenen Bestimmungen
c) Luftverkehrsgesetz
d) Luftverkehrsordnung
e) Nachrichten für Luftfahrer, soweit sie den Segelflug betreffen
f) Luftfahrthandbuch

L 1: Die Regierungen der deutschen Bundesländer arbeiten in ihren Entscheidungsbereichen selbständig.
Luftfahrtbundesamt und Bundesanstalt für Flugsicherung dagegen erfüllen überregionale Aufgaben.
Die ICAO ist die Internationale Zivil-Luftfahrtbehörde, der auch die Bundesrepublik angeschlossen ist.

L 2: Die Regierungen der Bundesländer genehmigen Flugplätze, genehmigen Luftfahrtveranstaltungen, erteilen Erlaubnis zum Starten und Landen außerhalb von Flugplätzen, stellen Luftfahrerscheine aus und üben in ihrem Bereich die Luftaufsicht aus.

L 3: Das LBA ist zuständig für die Luftfahrttechnik.
Auch Segelflugzeuge werden vom LBA zugelassen.

L 4: Störungen im Luftverkehr sind meldepflichtig. Der Halter des Luftfahrzeugs hat innerhalb von 72 Stunden einen Unfall beim Luftfahrtbundesamt zu melden. Luftfahrzeug und die Spuren der Störung dürfen erst beseitigt werden, wenn das LBA dazu seine Erlaubnis erteilt hat.

L 5: Nach einer Außenlandung ist die Besatzung verpflichtet, dem Grundstückseigentümer Auskunft über den Halter des Luftfahrzeugs und den Versicherer zu geben. Danach darf der Abtransport nicht verhindert werden.
Die Genehmigung zum Start dagegen kann nur die Landesbehörde erteilen. Der Grundstückseigentümer muß jedoch seine Zustimmung geben.

L 6: Die Bundesanstalt für Flugsicherung hat zur Durchführung ihrer Aufgaben folgende Dienstzweige eingerichtet:
Flugverkehrskontrolldienst, Fluginformationsdienst, Flugalarmdienst, Flugberatungsdienst, Flugfernmeldedienst, Flugnavigationsdienst.

L 7: Der Nachweis der Haftpflichtversicherung ist Voraussetzung zur Verkehrszulassung eines Luftfahrzeugs.
Luftfahrerscheine werden von den Landesbehörden ausgestellt. Alle Erlaubnisse bezüglich irgendwelcher Funkanlagen werden von der Deutschen Bundespost erteilt.

L 8: Flugsicherungsleitstellen sind seit 1974 auf den Flughäfen Bremen, Düsseldorf, Frankfurt und München.

L 9: Die ICAO bemüht sich um internationale Zusammenarbeit in der Luftfahrt. Sie legt einheitliche Richtlinien fest und schafft Normen auf allen Teilgebieten des Luftfahrtwesens.

L 10: Alle Bestimmungen und Verordnungen in der Luftfahrt sind nach dem Luftverkehrsgesetz ausgerichtet, das vom Parlament verabschiedet werden mußte.
Verordnungen sind die Ausführungsbestimmungen zu einem Gesetz.

L 11: Die Luftverkehrsordnung entspricht der Straßenverkehrsordnung im Straßenverkehr.
Die Prüfungsbestimmungen sind in der Prüfordnung für Luftfahrtpersonal festgelegt, während die Geräteprüfordnung (LuftGerPO) die Anforderungen an Luftfahrtgerät enthält.

L 12: Das LuftVG legt nur fest, daß Mindestanforderungen zu stellen sind.
In der Luftverkehrszulassungsordnung und in der Prüfordnung für Luftfahrtpersonal sind die Einzelbedingungen genannt.

L 13: Bei der Musterzulassung muß für ein Luftfahrtgerät, z.B. ein Segelflugzeug der Nachweis erbracht werden, daß es für den Luftverkehr unter Zugrundelegung der geltenden Bestimmungen geeignet ist.
Die Musterzulassung ist also in der Regel die Voraussetzung zur Verkehrszulassung.

L 14: Mindestalter für den Ausbildungsbeginn zum Segelflugzeugführer ist das vollendete 14. Lebensjahr.
Der Luftfahrerschein kann erst ab dem 17. Lebensjahr ausgehändigt werden.
Ein Minimum an Flugstunden und Flügen ist selbstverständlich.
(Mögliche Neuregelung ab Mitte 1975)

L 15: Der Luftfahrerschein für Segelflugzeugführer Klasse I (ab Mitte 1975 erfolgt hier vermutlich eine Neuregelung) berechtigt zum Führen aller einsitzigen oder einsitzig geflogenen mehrsitzigen Segelflugzeugmuster. Flugbetrieb darf nur durchgeführt werden, wenn ein Flugleiter am Platz ist.

L 16: Eine Erlaubnis ruht, wenn sie nicht rechtzeitig d.h. noch innerhalb der Gültigkeitsdauer verlängert worden ist.
Ohne Erlaubnis dürfen jedoch nur Flüge unter Aufsicht eines Fluglehrers unternommen werden.

L 17: Luftfahrerscheine können erweitert werden auf verschiedene zusätzliche Berechtigungen (z.B. Berechtigung zum Kunstflug) nach entsprechender Ausbildung und Prüfung. Zur Verlängerung der Gültigkeit ist ein ärztliches Zeugnis sowie der Nachweis von entsprechender Praxis notwendig.
Die Erlaubnis zum Führen motorgetriebener Luftfahrzeuge (Flächenflugzeuge, Hubschrauber usw.) kann nicht als Erweiterung erteilt werden. Dazu ist ein eigener Ausbildungsgang vorgesehen.

L 18: Die Haftungssumme ist für Segelflugzeuge bis 1000 kg auf 135000 DM begrenzt.
Zur Haftung verpflichtet ist immer der Halter des Luftfahrzeugs, es sei denn, jemand benützt das Luftfahrzeug ohne Wissen und Willen des Halters (§ 33 LuftVG)

L 19: Kontrollierte Lufträume werden zur Sicherung des Luftverkehrs festgelegt.
Dazu gehören:
- Kontrollzonen
- Kontrollbezirke, einschließlich Nahverkehrsbereiche
- obere Kontrollbezirke

L 20: Sofern nicht andere Bestimmungen es verbieten, darf in allen kontrollierten Lufträumen bei entsprechenden meteorologischen Bedingungen geflogen werden.
Genehmigung zum Ein- oder Durchfliegen von bestimmten Lufträumen erteilen die Dienststellen der Flugsicherung.

L 21: Während die Kontrollzonen als Untergrenze die Erdoberfläche haben, sind die Nahverkehrsbereiche in Sektoren unterteilt, die unterschiedlich hohe Untergrenzen aufweisen. Alle Angaben erfolgen dabei in Fuß über Grund.
Untergrenzen in Fuß über Grund:
Sektor A 1000, Sektor B 1700, Sektor C 2500

L 22: Kontrollzonen dürfen ohne Flugverkehrsfreigabe nicht beflogen werden. Sie sind ausschließlich dem landenden oder startenden Verkehr sowie Luftfahrzeugen in der Platzrunde vorbehalten.
Die Freigabe erfolgt in der Regel über Funk. Ausnahmen können nur nach vorheriger Absprache mit der Flugverkehrskontrolle genehmigt werden.

L 23: Für kontrollierte Lufträume sind folgende meteorologischen Mindestbedingungen als Voraussetzung für VFR-Flüge vorgeschrieben:
Flugsicht 8 km, Wolkenabstand vertikal 300, Wolkenabstand horizontal 1,5 km
Für Flüge über geschlossenen Wolkendecken gelten besondere Bestimmungen.

L 24: Unkontrollierter Luftraum über 900 m wird wie kontrollierter Luftraum behandelt.
Unter 900 m gelten im unkontrollierten Luftraum als Mindestbedingungen:
Flugsicht 1,5 km, Wolken dürfen nicht berührt werden, terrestrische Navigation muß möglich sein.

L 25: Die ADIZ (FlugÜZ) ist ein Gebiet mit Flugbeschränkung. Einflug oder Durchflug kann nur die BFS bzw. ihre Außenstellen genehmigen.
Segelflugzeuge haben einen Mindestabstand von 5 nm zur Staatsgrenze einzuhalten.

L 26: Für Flüge ins Ausland mit Segelflugzeugen wurde insofern Erleichterung geschaffen, als der Zollflugplatzzwang entfällt.
Das entbindet die Besatzung jedoch nicht, sich nach der Landung bei der nächsten Polizeidienststelle zu melden und falls verlangt, sich einer Zollprüfung zu unterziehen.
Die Abfertigung des Auslands wird auf dem Original und der blauen Kopie (die beide mitzuführen sind) bestätigt.

L 27: Über besiedeltem Gebiet oder über Menschenansammlungen ist eine Mindesthöhe von 300 m im Umkreis von 600 m über dem höchsten Hindernis vorgeschrieben. Davon sind auch Segelflugzeuge uneingeschränkt betroffen. Über freiem Gelände kann die Mindesthöhe von Segelflugzeugen unterschritten werden, wenn niemand dabei gefährdet oder geschädigt werden kann.
Großstädte verlangen auch größere Sicherheitshöhen.

L 28: Im Luftverkehr wird nach rechts ausgewichen, rechts überholt und demjenigen das Vorrecht gewährt, der von rechts kommt.
Außerdem haben landende Flugzeuge das Vorrecht; das tiefere immer vor dem höheren.
Beweglichere Flugzeuge haben grundsätzlich den unbeweglicheren auszuweichen, z.B. das Segelflugzeug dem Ballon.

L 29: In der Regel ist das Lande-T so ausgelegt, daß man rechts davon und nicht davor aufsetzt.
Das gilt jedoch nur dann, wenn das Signal auf der Landebahn liegt.
Auf vielen Flugplätzen werden alle Signale in einem sog. Signalgarten ausgelegt, der abseits der Landebahn liegt.

L 30: Als Störungen sind u.a. anzusehen:
Tod oder schwere Verletzung einer Person,
schwere Schäden am Luftfahrzeug
Ausfall eines Besatzungsmitglieds durch gesundheitliche Störungen
Störungen an den Steueranlagen
Schäden an tragenden Bauteilen
Zusammenstöße
gefährliche Begegnungen zwischen Luftfahrzeugen
Notlandungen

L 31: Bei fahrlässigen Zuwiderhandlungen ist der Höchstbetrag der Geldbuße auf 5000 DM festgesetzt, bei Vorsatz erhöht er sich auf das Doppelte.

L 32: Grundsätzlich liegt laut LuftVG § 59 eine Straftat vor, wenn „in grob verkehrswidriger und rücksichtsloser Weise . . ." eine Gemeingefahr herbeigeführt worden ist.

L 33: Jeder Halter eines Flugplatzes ist verpflichtet, ein Luftfahrthandbuch auszulegen und es durch die Ergänzungsblätter auf dem laufenden zu halten.

L 34: Das AIP enthält folgende Kapitel:

GEN = Allgemeiner Teil
AGA = Flughäfen und Bodeneinrichtungen
COM = Fernmeldewesen
MET = Meteorologie
RAC = Luftverkehrsregeln und FS-Kontrolle
FAL = Erleichterungen für den internationalen Verkehr
SAR = Such- und Rettungsdienst

L 35: Während NfL Nachrichten für Luftfahrer in deutscher Sprache sind, werden NOTAMs in englischer Sprache herausgegeben und dienen dazu, einen sicheren und flüssigen Flugbetrieb auf internationaler Basis zu gewährleisten.

L 36: Nach § 22 Abs. 1 der LuftVO ist jeder, der „ein Luftfahrzeug auf einem Flugplatz oder in dessen Umgebung führt, verpflichtet, die in den Nachrichten für Luftfahrer und in dem Luftfahrthandbuch bekanntgemachten Anordnungen für den Verkehr von Luftfahrzeugen auf dem Flugplatz oder in dessen Umgebung zu beachten . . ."
Kenntnis der LuftVO versteht sich von selbst. Sie ist im AIP enthalten.

Lösungen Luftrecht:

L 1:	b, c	L 2:	b, c, d, e	L 3:	d, e, f
L 4:	e	L 5:	e	L 6:	b
L 7:	b, c	L 8:	a, b, e, f	L 9:	c, d, e
L 10:	b	L 11:	a, b	L 12:	c, f
L 13:	a, c	L 14:	b, c, d, e	L 15:	a, c, e
L 16:	b	L 17:	b, c, e	L 18:	c
L 19:	c, d, e	L 20:	d, e	L 21:	c
L 22:	a, d	L 23:	b, d, f	L 24:	a, d, e
L 25:	b, d	L 26:	a, b, c, d, e	L 27:	a, c, f
L 28:	b, d, f	L 29:	a, c, e	L 30:	a, b, c
L 31:	c	L 32:	b, c, d, e	L 33:	c
L 34:	e	L 35:	b	L 36:	d, e, f

Für eigene Notizen

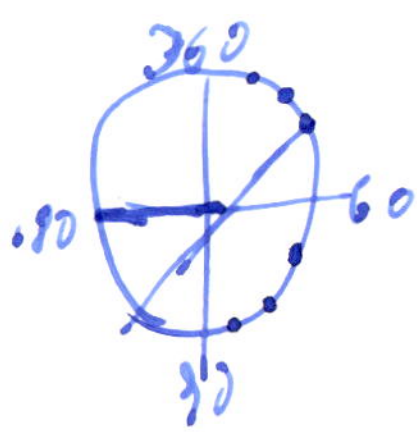
360
180
60
30

Bücher für den Segelflieger

Dieses inzwischen erheblich überarbeitete und erweiterte Standardwerk vermittelt das Wissen, das man bei einem Segelflugzeugführer voraussetzt. Der Stoff wird umfassend und sachlich behandelt.

Winfried Kassera

Flug ohne Motor

Der Flugschüler findet in diesem Buch alles, was er zu seinen Prüfungsvorbereitungen braucht. Und auch dem Fluglehrer wird dieser Leitfaden gute Dienste tun. Denn im Gegensatz zu früher muß heute der angehende Segelflugzeugführer sichere theoretische Grundlagen nachweisen. Hier kann er sich das Wissen verschaffen, das man heutzutage vom Segelflieger verlangt. Zumal, wenn er auch den Langstrecken- und Wellenflug im Auge hat.

196 Seiten, 171 Abb., Leinen, DM 24,—

Eine großartige Dokumentation der Segelfliegerei von den Anfängen bis heute:

Georg Brütting

Die berühmtesten Segelflugzeuge

Ein glanzvolles Bild von Sport, Technik und Wissenschaft unseres Jahrhunderts, das die Verwirklichung eines uralten Traumes der Menschheit brachte: die Kunst des Fliegens. Eine großartige Dokumentation der internationalen Segelfliegerei von den zierlichen Leinwand/Sperrholz-Flugapparaten der Pionierzeit bis zu den Hochleistungsseglern unserer Tage.

196 Seiten, 270 Abb., glanzkaschiert, DM 28,—

60 Jahre Segelflug auf der Wasserkuppe:

Georg Brüttting

Die Geschichte des Segelfluges

Der Segelflug hat sich die Welt erobert! In wenigen Jahrzehnten! Begonnen hatte es 1911 auf der Wasserkuppe. Hier wird die Entwicklung von den ersten Sprüngen im Hängegleiter auf der Rhön bis zu den Flügen in die Stratosphäre geschildert. Lückenlos wird der Verlauf all der Rhön-Segelflug-Wettbewerbe dargestellt. Viele Namen wurden der Vergangenheit entrissen, die bedeutendsten Entwicklungen, Erkenntnisse und Ereignisse zurückgeholt.

196 Seiten, 60 Abb., Leinen, DM 20,—

Erlebnis und Technik des Hochgebirgsfluges — ein Rekordflieger berichtet:

Jochen von Kalckreuth

Segeln über den Alpen

Jochen von Kalckreuth, selbst Rekordflieger und Spezialist im Alpen-Segelflug, hat mit seinem jetzt vorliegenden Werk das erste Buch speziell über das Segeln in den Alpen geschrieben. Er geht auf die Geschichte und Flugmeteorologie, auf alpine Streckenflugtaktik ein und läßt den Leser an seinen Erlebnissen und Erfahrungen teilhaben, die er in mehr als 10 Jahren intensiven Alpensegelfluges gewonnen hat.

174 Seiten, 94 Abb., davon 40 ganzseitige Fotos, Leinen, DM 28,—

selbstverständlich aus dem

MOTORBUCH VERLAG

7000 Stuttgart 1 - Postfach 1370

Motor buch Verlag